$100M Modelli di guadagno

Come far soldi

Riassunto e quaderno di esercizi

ALEX HORMOZI

Dichiarazione di non responsabilità

Le informazioni in questo libro sono solo a scopo educativo e informativo. L'autore, l'editore e il distributore autorizzato hanno fatto di tutto per assicurarsi che le informazioni fossero corrette al momento della pubblicazione. L'autore, l'editore e il distributore autorizzato non garantiscono la commerciabilità, l'idoneità per uno scopo particolare, l'accuratezza o la completezza attuale o continua e l'affidabilità del contenuto di questo libro.

Le strategie, i consigli e gli strumenti di cui si parla in questo libro sono le opinioni personali dell'autore e vengono forniti così come sono. Vogliono essere un aiuto e dare informazioni utili sugli argomenti trattati nel libro. Il successo in qualsiasi attività di marketing e commerciale dipende da un sacco di fattori che variano da persona a persona o da azienda ad azienda.

Le leggi possono cambiare e possono variare a seconda del posto e della giurisdizione. Ti consiglio, come lettore, di chiedere a un professionista quando serve e di controllare le leggi locali attuali prima di mettere in atto qualsiasi strategia o campagna di marketing.

Le dichiarazioni dell'autore relative a guadagni e redditi sono solo affermazioni ambiziose sui tuoi potenziali guadagni. Il successo dell'autore e di altre persone citate nel presente documento, le testimonianze e gli altri esempi utilizzati sono risultati eccezionali e atipici e non intendono essere né costituiscono una garanzia che tu o altri otterrete gli stessi risultati. I risultati individuali variano sempre e i tuoi dipenderanno interamente dalla tua capacità individuale, dall'etica del lavoro, dall'attività, dalle competenze e dall'esperienza, dal livello di motivazione, dalla diligenza nell'applicare le strategie discusse, dall'economia, dai rischi normali e imprevisti dell'attività commerciale e da altri fattori che puoi o non puoi controllare.

Non c'è alcuna garanzia che otterrai alcun risultato dalle idee contenute in questo libro. L'autore, l'editore e il distributore autorizzato declinano ogni responsabilità o garanzia (esplicita o implicita), incluse, senza limitazioni, quelle di commerciabilità, idoneità per uno scopo particolare, accuratezza o completezza attuale o continuativa e affidabilità. L'affidamento sulle informazioni fornite è esclusivamente a tuo rischio. Come ulteriormente descritto nel presente documento, l'autore, l'editore e il distributore autorizzato non saranno in alcun caso ritenuti responsabili nei tuoi confronti o nei confronti di terzi per danni diretti, indiretti, punitivi, speciali, incidentali, speculativi o altri danni consequenziali derivanti direttamente o indirettamente dall'uso e/o dall'uso improprio di questo libro, che viene fornito "così com'è" e senza garanzie.

Come sempre, è necessario richiedere e ottenere la consulenza di un professionista competente in materia legale, fiscale, contabile, finanziaria o di altro tipo.

Qualsiasi dichiarazione che esprima o implichi discussioni relative a previsioni, obiettivi, aspettative, convinzioni, piani, proiezioni, ipotesi o eventi o risultati futuri non costituisce una dichiarazione di fatti storici e può essere considerata una "dichiarazione previsionale." Le dichiarazioni previsionali si basano su aspettative, stime e proiezioni al momento in cui vengono formulate e comportano una serie di rischi e incertezze che potrebbero far sì che i risultati o gli eventi effettivi differiscano sostanzialmente da quelli attualmente previsti.

Gestire un'attività comporta il rischio di perdite così come la possibilità di profitti. Tutte le attività commerciali comportano dei rischi e tutte le decisioni aziendali rimangono di responsabilità individuale. L'autore, Bumble IP, LLC, Acquisition.com, LLC e le loro affiliate (collettivamente denominate nel presente documento "la Società") non garantiscono che le strategie descritte in questo libro saranno redditizie o vantaggiose per te o per la tua attività, e la Società non è responsabile per eventuali perdite commerciali potenziali legate a tali strategie.

I rappresentanti della Società sono professionisti e i loro risultati non sono tipici dell'individuo medio. Il background, l'istruzione, l'impegno e la dedizione degli individui e degli imprenditori influenzeranno la loro esperienza complessiva. Tutti gli esempi condivisi in questo libro sono puramente illustrativi e non garantiscono un ritorno sugli investimenti o altri risultati. I risultati di ciascun lettore possono variare. La Società non garantisce le prestazioni, l'efficacia o l'applicabilità di alcun sito elencato o collegato in questo libro. Tutti i link sono solo a scopo informativo e non sono garantiti per quanto riguarda il contenuto, l'accuratezza o qualsiasi altro scopo implicito o esplicito. Tutte le informazioni fornite in questo libro relative alla gestione di un'attività e alle strategie aziendali sono solo a scopo didattico e non costituiscono garanzie specifiche di successo. Anche se sono state prese tutte le precauzioni ragionevoli nella preparazione di questo libro, la Società non si assume alcuna responsabilità per errori e/o omissioni. Questo libro è pubblicato senza alcuna garanzia, espressa o implicita. La Società non è responsabile per eventuali danni, indipendentemente dal fatto che derivino direttamente o indirettamente dall'uso e/o dall'uso improprio di questo libro. I lettori accettano di liberare e tenere indenne la Società e i suoi membri, dipendenti, agenti, rappresentanti, affiliati, sussidiari, successori e cessionari (collettivamente "Agenti") da e contro qualsiasi reclamo, responsabilità, perdita, causa di azione, costo, perdita di profitti, perdita di opportunità, danni indiretti, speciali, incidentali, consequenziali, punitivi o qualsiasi altro danno e spesa (inclusi, senza limitazioni, le spese processuali e le parcelle degli avvocati) ("Perdite") avanzate nei confronti, derivanti da, imposte o sostenute da uno qualsiasi degli Agenti a seguito dell'uso e/o dell'uso improprio di questo libro da parte del lettore. Questo libro è solo a scopo informativo ed educativo.

I RISULTATI IPOTETICI DI PERFORMANCE PRESENTANO MOLTE LIMITAZIONI INERENTI, ALCUNE DELLE QUALI SONO DESCRITTE DI SEGUITO. NON VI È ALCUNA GARANZIA CHE QUALSIASI ATTIVITÀ COMMERCIALE OTTENGA O POSSA OTTENERE PROFITTI O PERDITE SIMILI A QUELLI INDICATI O DESCRITTI. DI FATTO, ESISTONO SPESSO DIFFERENZE SIGNIFICATIVE TRA I RISULTATI IPOTETICI E I RISULTATI EFFETTIVI CONSEGUITI DA QUALSIASI AZIENDA. UNA DELLE LIMITAZIONI DEI RISULTATI IPOTETICI DI PERFORMANCE È CHE ESSI SONO GENERALMENTE PREPARATI CON IL BENEFICIO DEL SENNO DI POI. INOLTRE, L'ATTIVITÀ IPOTETICA NON COMPORTA RISCHI FINANZIARI E NESSUN RISULTATO IPOTETICO PUÒ TENER CONTO COMPLETAMENTE DELL'IMPATTO DEI RISCHI FINANZIARI E DI ALTRI RISCHI NELL'ATTIVITÀ REALE. AD ESEMPIO, LA CAPACITÀ DI SOPPORTARE PERDITE O DI ADERIRE A UNA PARTICOLARE STRATEGIA COMMERCIALE NONOSTANTE LE PERDITE COMMERCIALI SONO PUNTI SOSTANZIALI CHE POSSONO ANCHE INFLUENZARE NEGATIVAMENTE I RISULTATI COMMERCIALI EFFETTIVI. ESISTONO NUMEROSI ALTRI FATTORI RELATIVI AI MERCATI IN GENERALE O ALL'ATTUAZIONE DI QUALSIASI PROGRAMMA COMMERCIALE SPECIFICO, CHE NON POSSONO ESSERE COMPLETAMENTE PRESI IN CONSIDERAZIONE NELLA PREPARAZIONE DI PERFORMANCE IPOTETICHE. Quando utilizzato nel presente documento, il termine "libro" indica il presente libro, il suo contenuto e tutte le informazioni e le idee in esso contenute.

Contenuti

COME USARE QUESTO LIBRO DI ESERCIZI E IL RIASSUNTO

Molti comprano riassunti e quaderni di esercizi perché gli autori non riescono a sistemare bene le loro cose. Con *$100M Modelli di guadagno,* non è così. Il libro è solo di circa 187 pagine con caratteri grandi e tante immagini e dura 3 ore e mezza se ascoltato come audiolibro. La maggior parte delle persone può leggerlo tutto in una volta. È già breve. Quindi, in questo riassunto, ho fatto tre cose diverse rispetto al libro:

1) Ho riassunto le storie

2) Ho tolto la maggior parte degli esempi. Se non capisci un concetto, dai un'occhiata ai video gratuiti che trovi sul mio sito **acquisition.com/training**

3) Ho sostituito i riassunti dei capitoli con esercizi da fare sul quaderno

Il risultato di queste modifiche è un quaderno di esercizi che dimezza circa il numero di parole del libro originale. Detto questo, se leggi più velocemente di quanto ascolti (come la maggior parte delle persone), puoi leggere l'intero libro bestseller in circa 3 ore e mezza. Questo dovrebbe richiederti circa la metà del tempo (60-120 minuti a seconda della tua velocità di lettura).

Se hai già letto il libro, usalo come ripasso e concentrati sugli esercizi.

Se non hai letto il libro principale, otterrai ciò che ti serve per applicare i concetti principali nella tua attività.

INIZIA DA QUI

Dove dormivo nella mia prima palestra: la mia "camera da letto di cemento".

Quindi, sono al verde e vivo nella mia palestra. Ho ignorato i consigli di tutti. E quando la mia palestra non ha iniziato a fruttare, mi sono spaventato. Velocemente.

Un tizio che possedeva alcuni magazzini dall'altra parte della strada si iscrive alla mia palestra. Si accorge che sto facendo fatica e mi porta fuori a fare colazione. È lì che mi insegna come guadagnare davvero con gli affari. Mi porta alla sua struttura e mi spiega tutti quei piccoli dettagli che ha usato per fare soldi. Erano cose incredibili, come il fatto che un mese "gratuito" di deposito in realtà gli fruttasse 127 $. È stata la prima volta che ho scoperto i processi di vendita in più fasi e le offerte multiple sovrapposte in sequenza per massimizzare i profitti. Anni dopo, li avrei definiti "modelli di guadagno".

***

Dopo un paio d'anni, ho sei palestre. Mi sento piuttosto soddisfatto di me stesso, quindi pago questo importante esperto di marketing per avere dei consigli. Gli racconto come apro le palestre: vendendo in anticipo gli abbonamenti e usando quei soldi per l'attrezzatura e tutto il resto.

Ecco il colpo di scena: quando gli dico che spendo 5 $ per ogni potenziale cliente e guadagno 680 $ per ogni cliente, rimane a bocca aperta. A quanto pare, quello che pensavo fosse solo ok era in realtà fantastico.

Ma poi mi dice: "Non dovresti gestire palestre". Penso: "Ma che cavolo?". Poi mi spiega che ho delle ottime competenze in un settore del cavolo. Dice che dovrei insegnare i miei metodi ad altri proprietari di palestre.

Era difficile da accettare, ma lui guadagnava molto più di me. Quindi ho pensato che fosse meglio dargli ascolto. Ed è così che ho finito per cambiare completamente il mio business.

***

Dopo quella conversazione, ho chiuso la mia palestra più recente e ho venduto le altre cinque nei novanta giorni successivi. È stato pazzesco. Ma mi ha permesso di dedicarmi completamente a questa nuova cosa: Gym Launch.

Nei due anni successivi ho viaggiato in lungo e in largo, trasformando le palestre. Ho trasformato circa 30 palestre. Poi ho pensato: "Perché mi sto ammazzando di viaggi?". Così sono passato a un modello di licenza. In pratica, aiutavo i proprietari di palestre a seguire il nostro sistema collaudato per riempire le loro palestre e guadagnare soldi, il tutto senza dovermi presentare di persona.

Ora, era un mercato di nicchia, ma cavolo, questi proprietari di palestre erano davvero nei guai. Alcuni facevano fatica persino a mangiare. Ma una volta riempita la palestra in un mese, la voce si è diffusa in un attimo. Gym Launch è esploso.

Nei cinque anni successivi, ho portato a casa oltre 43 milioni di $ in distribuzioni. Poi ho venduto il 66% dell'azienda per 46,2 milioni di $, tutti in contanti. Pazzesco, vero? A 31 anni ho raggiunto un patrimonio netto di 100 milioni di $. Credetemi, nessuno era più scioccato di me.

Dopo di che, io e mia moglie abbiamo avviato questa attività familiare chiamata Acquisition.com. Investiamo in aziende che sappiamo come far crescere. Il nostro portafoglio attuale? Supera i 200 milioni di $ all'anno. Abbiamo le mani in pasta ovunque: catene di negozi fisici, software, servizi, e-commerce, e chi più ne ha più ne metta.

La cosa divertente è che, anche se siamo in tutti questi settori diversi, usiamo ancora gli stessi principi che usavo ai tempi della palestra. È tutto in questo riassunto dei *Modelli di Guadagno da 100 milioni di dollari*.

Ed ecco una foto davanti alla nostra sede centrale nel 2025. Fantastico, vero?

Cosa ci guadagni?

In circa una pagina, vi ho portato dalla difficoltà di sbarcare il lunario al superamento dei 100.000.000 di $ di patrimonio netto. Quindi la domanda naturale è... come? Risposta: *guadagnando dai clienti più di quanto costa acquisirli*. Ed è proprio questo l'argomento di questo libro, *$100M Modelli di guadagno*.

Da quando sono nel mondo degli affari, il panorama è cambiato più di una volta. E continuerà a cambiare. La buona notizia è che dei principi solidi ti aiutano a fare soldi in ogni caso. Ho imparato un sacco di modelli di guadagno. Qui ti parlo dei miei preferiti.

$100M Modelli di guadagno mostra offerte <u>già collaudate</u> che puoi usare <u>oggi stesso</u>. E le istruzioni per realizzarle. Pensa a *$100M Modelli di guadagno* come a un libro di biglietti vincenti della lotteria: tutto quello che devi fare è incassarli.

Inoltre, voglio chiarire una cosa: *questi sono i miei appunti personali*. Se sono qui, significa che mi hanno fatto guadagnare. Questi capitoli contengono le mie osservazioni ed esperienze con diverse attività commerciali. Dalle catene locali ai prodotti fisici, ai servizi, all'istruzione, al software e così via. E sono stati sparsi ovunque nel corso degli anni. *Fino ad ora.*

<u>Questo è il mio ricettario per far soldi</u>.

Come è strutturato questo libro

Questo libro ti insegna *una* cosa incredibilmente redditizia: **come costruire un modello di guadagno da 100 milioni di $**. Con un modello di guadagno da 100 milioni di $, *guadagni così tanti soldi nei primi trenta giorni che il costo per acquisire nuovi clienti non sarà mai più un problema*. Con così tanti clienti, sarai costretto a lavorare su *tutto il resto* della tua attività solo per stare al passo! Un problema che dovrà risolvere un altro libro (occhiolino).

<u>Schema del libro</u>

Inizia qui & problemi che questo libro risolve: *l'hai appena finito*

Sezione I: Cos'è un modello di guadagno? *Prossimamente...*

Sezione II: Offerte attrattive

Sezione III: Upsell - offerta di prodotto/servizio di livello superiore

Sezione IV: Downsell - offerta di prodotto/servizio di livello inferiore

Sezione V: Offerte di continuità

Sezione VI: Crea il tuo modello di guadagno.

Tutto qui. Facile facile. Mettiamoci al lavoro.

SEZIONE I:
COS'È UN MODELLO DI GUADAGNO?

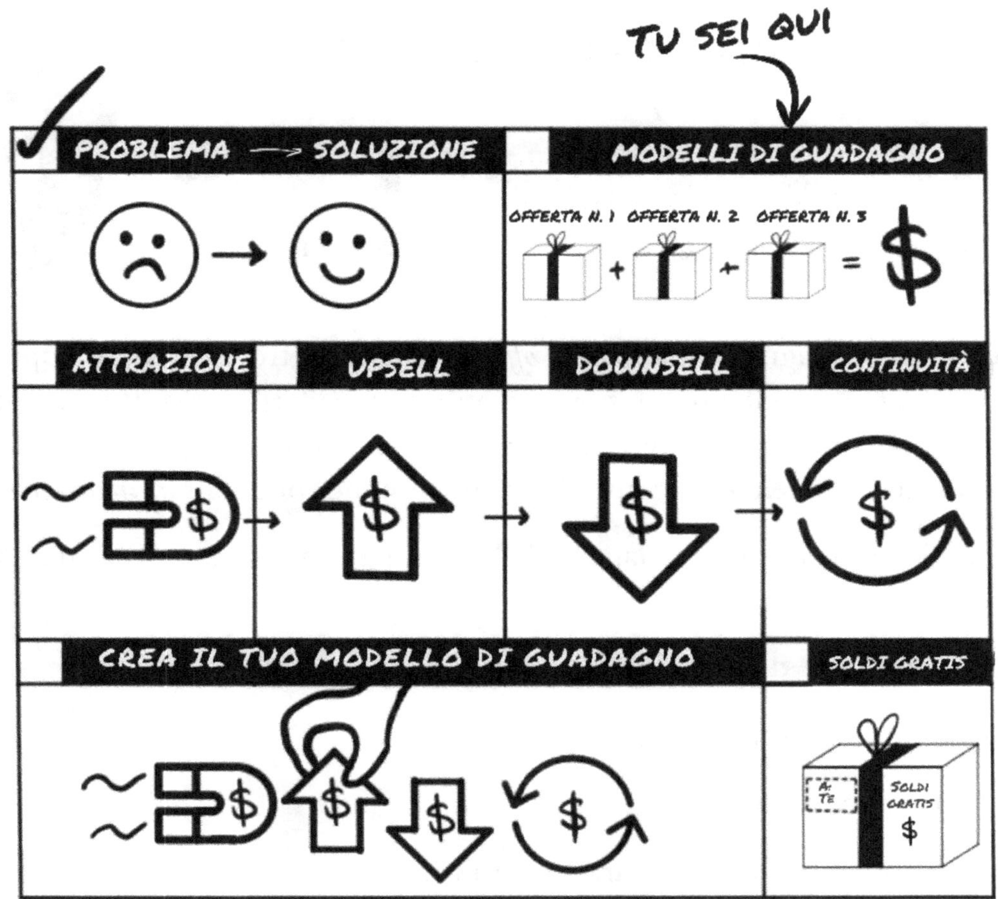

Storia dell'auto a noleggio

Allora, sono in questa agenzia di noleggio auto, ok? Entro per noleggiare un'auto economica a 19 $ al giorno, però guarda un po'. L'agente inizia a offrirmi tutti questi upgrade: un furgone più spazioso, restituzione posticipata, assicurazione migliore, carburante prepagato. Io rispondo "Sì, certo" alla maggior parte delle cose, senza prestare molta attenzione.

Poi, mentre mi avvicino alla mia auto, vedo la ricevuta e BAM! Mi rendo conto che sto pagando 100 $ al giorno invece di 19. Cinque volte quello che avevo previsto!

Ma il punto è questo: loro sapevano esattamente cosa avrei voluto prima ancora che lo sapessi io. Hanno risolto problemi che non sapevo nemmeno di avere. Questo è un modello di guadagno vincente. E se non avessero avuto un modello redditizio, probabilmente non sarebbero in attività. E io non avrei un'auto.

Si, è emerso un modello di guadagno

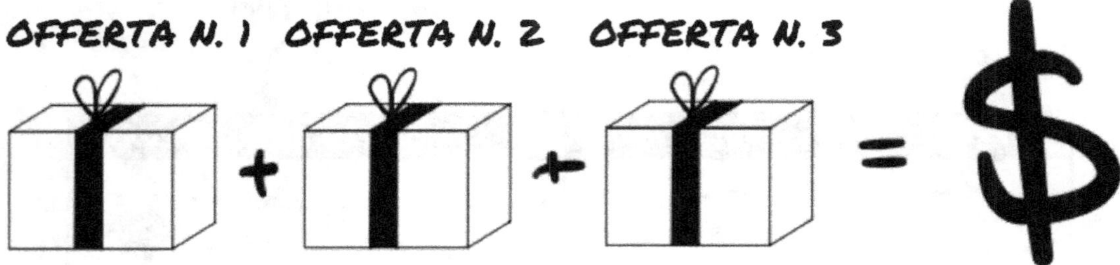

Un modello di guadagno è una *serie di offerte*. Alla base, troviamo ogni opportunità per risolvere un problema del cliente... e poi ci proponiamo di risolverlo. Per questo motivo, i modelli di guadagno tendono ad avere molte offerte in un ordine specifico. Se offri la cosa giusta quando i clienti si rendono conto di averne bisogno, puoi fare *tutte le offerte che vuoi*.

Questo è il modello di guadagno della compagnia di autonoleggio spiegato in modo semplice:

Offerta n. 1: upgrade del veicolo

Offerta n. 2: Restituzione in ritardo

Offerta n. 3: Assicurazione premium

Offerta n. 4: Riduzione dell'assicurazione minima

Offerta n. 5: Carburante prepagato

Quindi sì, ho pagato di più, *ma ho risolto più problemi*. Vediamo quali problemi mi ha risolto l'agente dell'autonoleggio:

- Ha risolto il mio problema di "uomo grande in una macchina piccola" *offrendomi* un veicolo più spazioso.

- Ha risolto il mio problema del "check-out tardivo" *offrendomi* la possibilità di tenere l'auto più a lungo.

- Ha risolto la mia preoccupazione di "ammaccare l'auto" *offrendomi* un'assicurazione che mi coprisse in caso di danni.

- Ha risolto il mio problema del "rischio di perdere il volo" *offrendomi* la possibilità di pagare in anticipo il carburante, così non avrei dovuto farlo durante il viaggio di ritorno.

  ... E tutte queste cose costano, *ma sono stato felice di pagare.*

La compagnia di autonoleggio ha pensato a ogni dettaglio. Mi hanno spiegato il problema e poi *mi hanno offerto una soluzione.* Mi hanno proposto soluzioni per evitare costi più alti e seccature che avrei potuto avere in seguito, pagando una piccola somma *in più adesso.*

Alla fine, il mio noleggio da 19 $ è diventato un noleggio da 100 $. Ho pagato *di più e più in fretta.* E ora capiamo perché il settore del noleggio auto fa miliardi solo negli Stati Uniti... *al mese.* Un modello di guadagno di successo.

Attenzione: i modelli finanziari sbagliati uccidono le aziende

Molte aziende perdono soldi per acquisire clienti, creando un circolo vizioso:

- Spendere in pubblicità

- Realizzare perdite

- Tagli al marketing

- Ottenere meno clienti

- Ricorso a fondi personali o prestiti

- Lotta per mesi o anni per raggiungere il pareggio

- Rischiare di perdere tutto

Questo non deve necessariamente accadere. È possibile guadagnare, ma è necessario sapere come farlo. Le aziende tradizionali fanno affidamento sui profitti accumulati nel tempo per coprire i costi di acquisizione dei clienti. Questo funziona per le grandi aziende o per quelle con investitori, ma è rischioso per le piccole imprese che partono da zero (probabilmente la tua).

Esempio: spendere 100 $ per acquisire un cliente che porta un profitto di 500 $ sembra ottimo. Ma se ci vogliono due anni per recuperare quei soldi, potresti prima esaurire la liquidità.

Hai due opzioni:

1)   Aspettare anni per essere pagato e sperare di sopravvivere

2)   Farti pagare velocemente e crescere quanto vuoi

Un buon modello di guadagno è l'opzione 2.

I buoni modelli di gestione del denaro creano milionari

Se fai più offerte e le persone le comprano, guadagni di più. Se guadagni di più, puoi usare quei soldi per avere più clienti. Se ti pagano più velocemente, puoi avere quei clienti più velocemente *e* rimanere redditizio.

Ma cosa succede se rendi i tuoi clienti due volte più preziosi, ne ottieni il doppio e li acquisisci alla doppia velocità? *Il tuo business cresce 8 volte più velocemente.* E se li triplichi... *il tuo business cresce 27 volte più velocemente.* Capisci dove voglio arrivare? Puoi diventare davvero grande, davvero redditizio, davvero veloce... *con solo pochi cambiamenti.* Ed è esattamente quello che ti mostrerò come fare.

Prossimo passo

I modelli di guadagno sono una serie di offerte. Offerte diverse risolvono problemi diversi. Quindi, se vuoi avere successo, devi capire cosa offrire *dopo*. Per capirlo, devi conoscere *i quattro tipi di offerte...*

I quattro tipi di offerte che creano Modelli di Guadagno

Fare un'offerta funziona meglio che non farne nessuna. E fare più offerte funziona meglio che farne una sola. Combinare le offerte in una sequenza crea un modello di guadagno. I miei modelli di guadagno combinano quattro diversi tipi di offerte.

Quattro tipi di offerte

Ci sono quattro tipi di offerte: offerte di attrazione, offerte di upsell, offerte di downsell e offerte di continuità. Tutte migliorano il nostro modello di guadagno, ma lo fanno *in modo diverso*. Funzionano benissimo da sole, ma insieme rendono la tua attività inarrestabile.

1) **Le offerte di attrazione** trasformano gli sconosciuti in clienti.

2) **Le offerte di upselling** spingono le persone a spendere di più.

3) **Le offerte di downselling** fanno sì che le persone dicano di sì quando avrebbero detto di no.

4) **Le offerte di continuità** fanno sì che le persone continuino ad acquistare.

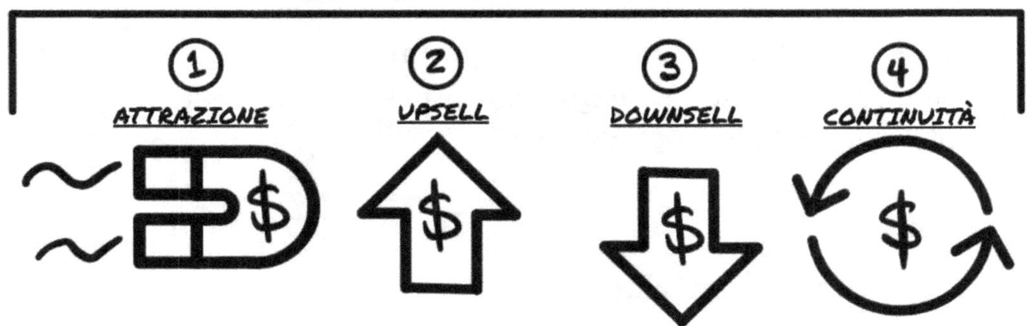

Se guardi alle grandi aziende, vedrai diverse versioni di queste offerte come componenti fondamentali del loro motore di guadagno. Puoi usarne una, due, più di una o tutte e quattro insieme. Puoi combinarle come vuoi. Ma, quando guardo alle *mie* attività più redditizie, le ho usate tutte e quattro. Quindi è quello che consiglio.

Come ho strutturato le sezioni

Comincio con le offerte attrattive, perché se non stai acquisendo clienti, hai bisogno prima di una di queste. Poi passiamo alle offerte di upsell, seguite dalle offerte di downsell. Infine, per completare i quattro tipi, ti mostro le mie offerte di continuità preferite, *esattamente come le ho imparate.*

Come ho strutturato ogni capitolo

Ecco come si legge il resto del libro:

1) **Schizzi** direttamente dai miei appunti. Esattamente come li ho disegnati. Mi hanno aiutato a ricordarli, quindi aiuteranno anche te a ricordarli.

2) La **Storia** (riassunto) di come ho imparato per la prima volta questo modello di guadagno.

3) Una **Descrizione** di come funziona il modello di guadagno.

4) Alcuni **Esempi** di come viene usato da aziende reali nel mondo reale.

5) **Note importanti** e tattiche che fanno funzionare il Modello di guadagno. Questi consigli ti aiutano a mettere in pratica il gioco, come se fosse la centesima volta che lo fai, *al primo tentativo.*

6) **Esercizio** per mettere in pratica il capitolo nella tua attività.

7) **Il corso di formazione video gratuito** che accompagna ogni offerta contenuta in questo libro è disponibile gratuitamente all'indirizzo: acquisition.com/training/money

Note importanti prima di iniziare

1) **Se un cliente chiede il rimborso, *restituisci il denaro.***

2) **Invece di dire "Non funzionerà", chiedi "Come posso farlo funzionare?"**

3) **Evita le tecniche di vendita aggressive.** Offri soluzioni quando i clienti hanno dei problemi. Se non sono interessati, passa oltre.

4) **Rispetta la legge.** Le norme sulla pubblicità cambiano spesso, quindi chiedi a un avvocato se l'offerta è legale.

5) **Dì le cose come stanno e sii sincero.** Se i fatti non sono convincenti, cambia la realtà finché non lo diventano. Non mentire.

Qualsiasi offerta può essere utilizzata da sola, in qualsiasi momento e in qualsiasi ordine. Un'azienda funziona finché genera profitti. La maggior parte delle offerte presenti in questo libro potrebbero soddisfare *da sole* questo requisito minimo. Se utilizzate nella giusta sequenza e al momento giusto, creano un *modello di guadagno da 100 milioni di $*.

SEZIONE II:
OFFERTE ATTRATTIVE

Come monetizzare l'attenzione dei clienti

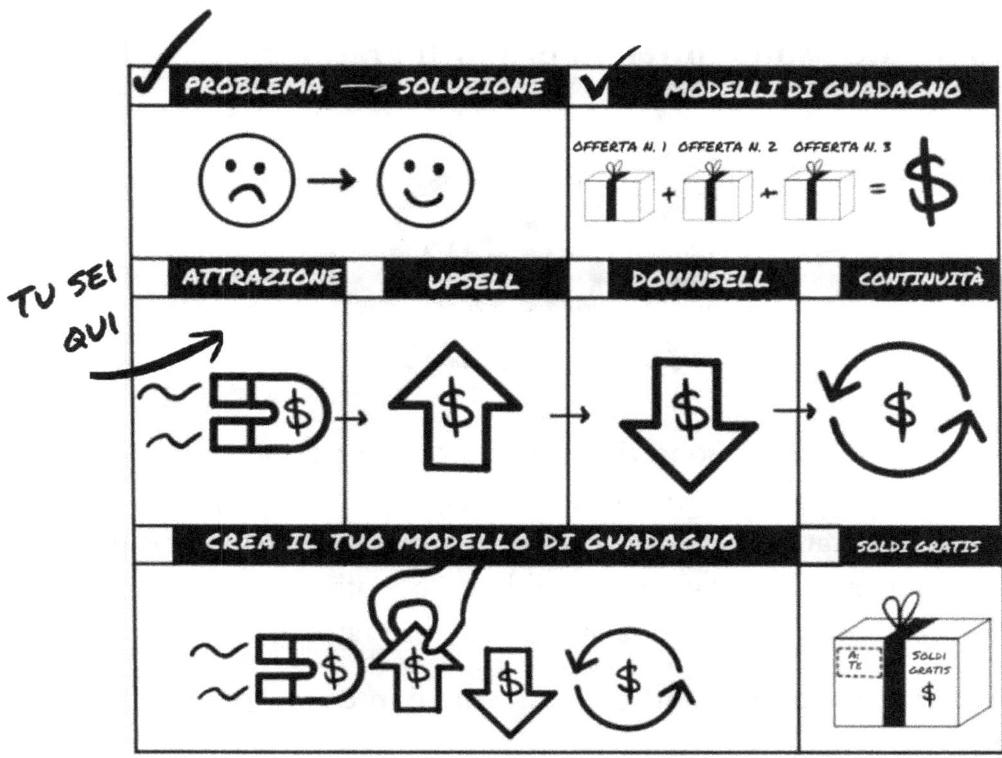

Le offerte di attrazione generano contatti *e* li trasformano in clienti. Trasformano la pubblicità in soldi offrendo qualcosa di gratuito o scontato. Lo facciamo perché tutti vogliono un ottimo affare. In un ottimo affare, i clienti ottengono un valore *molto* superiore al prezzo che pagano. Gli sconosciuti possono solo fidarsi della tua parola sul valore. Ma capiscono perfettamente il prezzo. Per questo motivo, gli sconti rendono *qualsiasi cosa* un ottimo affare per quasi *tutti*. E più lo sconto è grande, migliore è l'affare. Lo sconto più grande di tutti è *la gratuità*.

GRATIS CONTRO SCONTO

Prima di tutto, ogni volta che dico "gratis", puoi anche usare "sconto" o "$1". Ogni volta che uso "sconto", puoi anche usare "gratis" o "$1" e così via. Tutti scontano un prodotto in una certa misura, anche se lo sconti del 100%! Se riesci a immaginare un modo per usare uno sconto o un'offerta gratuita... allora puoi farlo. Dopodiché, ti lascerò usare il tuo cervello per scambiarli come meglio credi.

Allora, come si fanno i soldi offrendo prodotti gratuiti?

Pensa in questo modo: le persone cercano una cosa e poi ne comprano un'altra per caso, *continuamente*. Le offerte di attrazione le inducono a farlo *di proposito*. Ma cosa c'è di meglio di qualcosa di gratuito? *Più cose gratuite e migliori*. Una cosa gratuita è fantastica. Due cose gratuite sono ancora più fantastiche. E forse, per ottenere quelle due cose gratuite, *devono comprarne una*. È così che si guadagna con le cose gratuite.

In questa sezione, ti spiego i miei cinque modi preferiti per fare soldi offrendo prodotti gratuiti:

1) Riconquista i tuoi soldi

2) Omaggi

3) Offerta esca

4) Compra X e ricevi Y gratis

5) Paga meno ora o paga di più dopo

Facciamo un po' di soldi.

Riconquista i tuoi soldi

Se fai x entro il tempo y, secondo le regole z, puoi ottenerlo gratis.

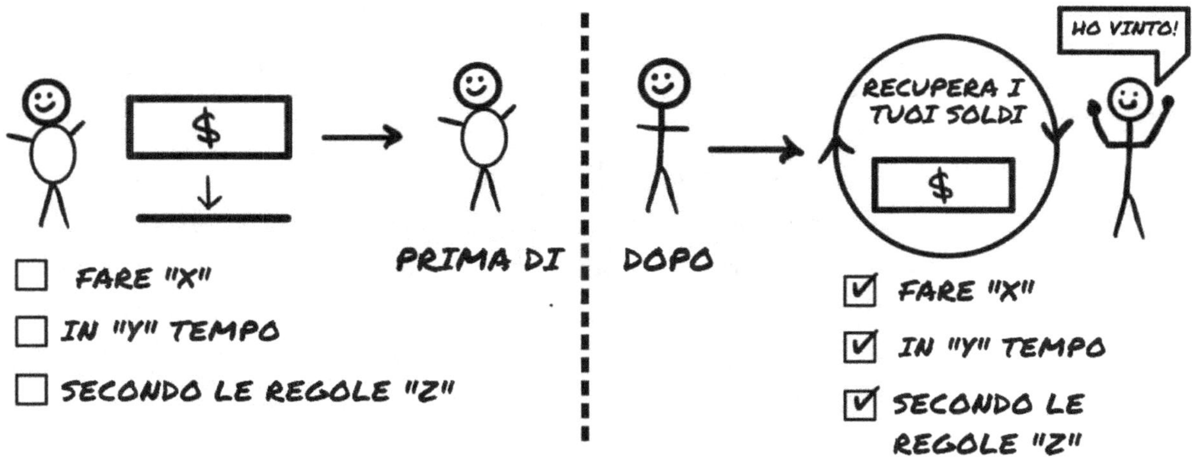

Giugno 2013

Il proprietario di una palestra, Danny, ha condiviso una nuova offerta che per lui sta andando alla grande. Ecco come ci è arrivato per caso.

Un cliente difficile gli ha proposto un accordo: 500 $ per otto settimane di allenamento, rimborsabili se avesse raggiunto il suo obiettivo, in cambio dell'utilizzo delle sue foto prima e dopo per scopi di marketing. Il cliente ha perso peso, ha riavuto i suoi soldi e poi ha acquistato altri allenamenti. Inoltre, pubblicizzare le sue foto prima e dopo ha portato a Danny un sacco di nuovi clienti. Danny ha guadagnato così tanto da questo accordo che ha iniziato a offrirlo a tutti. È nata così l'offerta "riprendi i tuoi soldi". Me l'ha insegnata lui e da allora l'ho sempre usata.

Descrizione

Un'offerta "Rimborsati" funziona così. Dai un obiettivo al cliente *e* gli dici come raggiungerlo. Se lo raggiunge, allora ha diritto a farsi rimborsare *o* a ricevere un buono acquisto.

Per "riavere indietro i propri soldi", la persona ha tre opzioni: ottenere risultati, intraprendere azioni o entrambe le cose. E perché funzioni, devi rendere i <u>risultati</u> e <u>le azioni</u> *facili* da monitorare.

<u>Risultati</u>: in questo caso, indipendentemente da ciò che fa, se il cliente ottiene il risultato, vince il rimborso. Ad esempio: guadagnare X $ al mese, acquisire Y clienti, perdere Z chili, ecc. *In sostanza, scommette sulla propria capacità di raggiungere l'obiettivo.*

<u>Azioni</u>: qui, li rendi responsabili delle azioni *che fanno* invece che dei risultati *che ottengono*. Non importa quali risultati ottengano, se il cliente fa quello che gli chiedi, si riprende i soldi. Per esempio: partecipare a tutte le sessioni, chiamate, riunioni, registrare i progressi, scattare foto, fare i compiti assegnati, ecc. *Qui, scommettono sulla loro capacità di seguire le indicazioni.*

<u>Azioni *e* risultati</u>: qui, chiedi ai clienti di seguire le istruzioni e ottenere risultati. Se fanno entrambe le cose, si riprendono i soldi. Spesso, le persone che vogliono raggiungere un obiettivo non hanno abbastanza competenze per farlo. Anche se scommettessero su se stessi, fallirebbero. Stabilendo un buon obiettivo per loro *e* mostrando loro come raggiungerlo, hanno una possibilità di farcela. *Qui scommettono sulla loro capacità di seguire le istruzioni e sul fatto che le tue istruzioni li porteranno al risultato.*

Conclusione: i clienti investono dei soldi. Se fanno quello che devono fare O ottengono il risultato O entrambe le cose, *li riavranno indietro in contanti o sotto forma di credito da spendere nel centro.*

Esempi

Offerta B2C: Piano gratuito di 28 giorni

Deposita X $ e li riavrai indietro se:

- ☐ Partecipi a tutte le chiamate di consulenza.

- ☐ Pubblichi i tuoi progressi nel gruppo una volta alla settimana.

- ☐ Scrivi ogni giorno nel nostro diario nell'app.

- ☐ Partecipi alla sessione di feedback e alla sessione di trasformazione.

(Suggerimento: le chiamate e gli incontri diventano occasioni per fare più offerte).

Offerta B2B: sfida gratuita "5 clienti in 5 giorni"

Deposita X $ e li riavrai tutti indietro se:

- ☐ Invii 100 messaggi al giorno.

- ☐ Riporti le statistiche sui messaggi inviati.

- ☐ Partecipi alla formazione quotidiana.

- ☐ Pubblichi i compiti finiti sul gruppo.

- ☐ Partecipi alla chiamata di consulenza del quinto giorno.

    (Suggerimento: qui offri prodotti e servizi migliori, più numerosi o nuovi).

Offerta di prodotti fisici: guida per 1.000.000 di miglia con la tua auto e ricevi un'auto gratis

Ottieni un'auto gratis se:

- ☐ Acquisti una nuova auto da noi.

- ☐ Percorri 1.000.000 di miglia con l'auto.

- ☐ La restituisci.

- ☐ Scatti delle foto e partecipi a un comunicato stampa.

- ☐ Ti daremo un credito pari al prezzo di acquisto originale per la tua prossima auto.

    (Questa era un'offerta reale.)

Punti salienti

"Restituzione del tuo denaro" è fantastico per le aziende che chiedono ai loro clienti di impegnarsi di continuo per ottenere il risultato che vogliono.

- L'offerta "Rimborsati" è fantastica perché:

    - Ottieni un sacco di soldi in anticipo.
    - Ottieni più clienti disposti ad accettare, poiché riduci il loro rischio.
    - Ottieni risultati incredibili per i clienti.
    - Ottieni più clienti a lungo termine.
    - Loro pubblicizzano la tua offerta per farti avere ancora più clienti.

- Organizzare alcuni incontri per ottenere il rimborso del deposito ti dà l'opportunità di verificare i tuoi clienti e fare loro offerte più specifiche in base alle loro esigenze.

- Tutti pensano che le aziende guadagnino grazie alle persone che non riescono a completare il programma. No. I veri guadagni provengono dalle persone che hanno successo *e a cui hai qualcosa di più da offrire.* Fidati di me. Più risultati ottieni, più soldi guadagnerai. Pensa a lungo termine.

- Rendi i criteri di rimborso facili da seguire, in linea con gli obiettivi dei clienti e utili per l'azienda.

- Usa l'offerta "Rimborsati" solo se il tuo tasso di rimborso è inferiore al 5%. Altrimenti, migliora il tuo prodotto prima di farlo. Rischi di ricevere troppe richieste di rimborso.

- Utilizza il credito del negozio per un'altra offerta, preferibilmente più costosa. Vuoi che rimangano tuoi clienti... quindi dai loro l'opportunità di farlo. Non vuoi che le persone smettano di pagarti.

- Per aumentare le vendite e mantenere più clienti, fai in modo che tutti siano vincitori in privato. In questo modo, tutti rimarranno sorpresi e grati quando farai la tua offerta di upsell.

Esercizio n. 1 del manuale: crea la tua offerta "Rimborsati"

1. Scrivi cosa deve fare o ottenere il cliente (o entrambe le cose) per avere diritto al rimborso. Ricorda, rendilo *facile da monitorare.*

    a. Azioni che devono intraprendere per avere diritto al rimborso:

        i. Farti pubblicità ___________________________

        ii. Riunioni di vendita a cui devepartecipare ___________________________

        ____

        iii. Cosa devono fare per avere successo ___________________________

        ____

        ____

    b. Risultato: ___________________________

2. Decidi se vuoi che recuperino soldi o credito da spendere nel centro:

    a. Soldi ( )

    b. Credito ( )

3. Pensa a un'offerta a seguire più costosa (che costa 5 volte di più della tua offerta originale) a cui applicare il credito: ___________________________

    ____

OMAGGIO: Video corso sulle offerte "Restituzione del tuo denaro"

Ho fatto un sacco di soldi con questa offerta e ho un sacco di dettagli e storie che non sono riuscito a mettere nel libro. Se ti interessa, ho fatto un video gratis per te, senza bisogno di iscriverti. Per guardarlo, basta andare su acquisition.com/training/money. Se non ti va di scrivere, puoi anche scansionare il codice QR qui sotto.

Omaggi

Molti parteciperanno... molti vinceranno

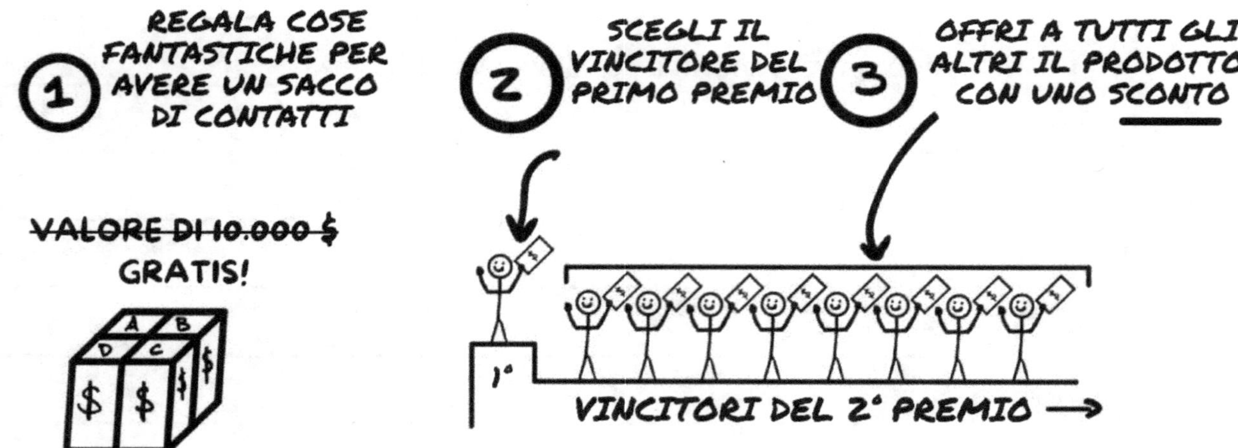

Storia

Stavo chiacchierando con un tizio che gestisce un'azienda di certificazione fitness. Mi ha raccontato di questo modo incredibilmente intelligente che usano per ottenere contatti. Ascolta:

Pubblicizzano una borsa di studio completa per il loro programma. Le persone fanno domanda e spiegano perché dovrebbero essere scelte. Poi, una persona vince la borsa di studio completa. Ma ecco il bello: danno borse di studio parziali praticamente a tutti gli altri.

Quando chiamano queste persone per dirgli della borsa di studio parziale, sono super entusiasti. La maggior parte si iscrive subito. La parte geniale? Queste persone non sanno il prezzo reale in anticipo, ma conoscono il valore della borsa di studio completa. Quindi, quando sentono il prezzo scontato, sembra un affare.

Funziona così bene che a volte devono limitare le iscrizioni. E senti questa: insegnano lo stesso modello economico ai formatori che certificano. Ciò significa che funziona sia per le offerte business-to-business che per quelle business-to-consumer. Alla fine dei conti, gli omaggi gratuiti generano molti contatti che mostrano interesse per *il tuo prodotto più costoso*. Cosa c'è di meglio?

Descrizione

Le offerte omaggio pubblicizzano la possibilità di vincere un grande premio in cambio delle informazioni di contatto e di qualsiasi altra cosa desideriate. Poi, dopo aver scelto un vincitore, offrite a tutti gli altri il grande premio a un prezzo scontato. Gli omaggi sono noti anche con nomi come "lotterie" e "estrazione a sorte" ecc. Tutti significano "partecipa per avere la possibilità di vincere". Per lanciare un'offerta omaggio dovete:

1) Scegli un primo premio. Fai in modo che il primo premio *sia quello che vuoi che tutti comprino.* Assegna un valore monetario al primo premio, che servirà come riferimento per il secondo premio. Ad esempio, se vendi un prodotto del valore di 5.000 $ a 2.000 $, pubblicizza il valore di 5.000 $! Se vuoi più segnalazioni, metti in palio due premi principali. Spiega loro che se qualcuno che hanno segnalato vince, vinceranno l'altro premio principale.

2) Scegli la tua offerta promozionale. La borsa di studio parziale è uno *sconto* sul primo premio. E più grande è lo sconto, più interessante è l'offerta. (Suggerimento: quindi, più alto è il valore che dai al tuo primo premio, meglio è!) Ricorda, i potenziali clienti hanno partecipato al concorso perché hanno trovato interessante il primo premio. La borsa di studio parziale ti fa guadagnare clienti perché offri loro ciò *a cuihanno già mostrato interesse* con uno sconto.

Lo "sconto" era la "borsa di studio parziale" nella storia. Chiama la tua borsa di studio parziale come vuoi per la tua attività: borsa di studio, carta regalo, sconto in $, credito negozio, buoni, ecc.

3) Chiedi i loro contatti in cambio della possibilità di vincere. Dopodiché, faccio un sondaggio per *verificare l'idoneità* al premio e poi chiedo loro di compiere *azioni di qualificazione.*

4) Idoneità: chiedo se sono adatti ai miei prodotti. Ad esempio: *"Possiedi una clinica veterinaria?"* o domande più basate sul carattere/bisogno come *"Perché dovresti essere selezionato?"*. Puoi ottenere ottime informazioni da ogni potenziale cliente perché puoi renderle parte del processo di iscrizione. Ottieni informazioni che indicano in che modo la tua offerta fornirà loro valore. Questo diventa importante per fare offerte in seguito.

5) Azioni di qualificazione: altre cose che i partecipanti fanno per qualificarsi per la vincita. Le uso anche per spingerli a promuovere di più il mio concorso a premi o a mostrare un maggiore interesse. Es: partecipare a una chiamata o a un evento, fare un post, entrare in un gruppo, ecc.

6) Metti una scadenza all'omaggio per renderlo più interessante. Rendi il tuo concorso a premi più urgente rendendolo disponibile solo per un periodo di tempo limitato.

Io preferisco da tre a sette giorni. Non appena i potenziali clienti partecipano al concorso a premi, aggiorna loro quotidianamente. Innanzitutto, fai sapere loro quanto tempo manca all'annuncio del vincitore. Puoi farlo tramite e-mail, messaggi diretti, SMS, post sui social media e così via. Fallo tutte le volte che è ragionevole. Una volta al giorno su tutte le piattaforme va bene. Poi, dai valore al tuo conto alla rovescia. Mostra a tutti i vantaggi del primo premio, quanto dovrebbero essere entusiasti e *rimanda tutti a delle prove sociali*. Mantieni vivo l'entusiasmo! Fai durare il tuo concorso per sette giorni o fino a quando le iscrizioni raggiungono il numero di persone che riesci a chiamare in sette giorni, a seconda di quale delle due cose succede prima.

7) **Dai attenzione al vincitore del primo premio e inizia a contattare tutti gli altri.** Annuncia pubblicamente il vincitore del primo premio, poi manda <u>un messaggio privato</u> a tutti gli altri che si sono qualificati. È questa la magia: *tante persone quante vuoi possono vincere la borsa di studio parziale/sconto*. Avvisali tramite SMS, email e messaggi diretti. Nel messaggio, chiedi loro di fissare una chiamata per riscuotere il loro premio.

Per assicurarti che riscattino il loro premio parziale, <u>aggiungi un'altra scadenza</u>. Fai scadere la richiesta del premio della borsa di studio parziale entro sette giorni. Il secondo conto alla rovescia funziona come il primo: mostra i vantaggi, più prove sociali e altre cose interessanti sulla tua offerta. Dai loro un modo per prenotare una chiamata per richiedere il loro premio. Se hai problemi con persone che non si presentano agli appuntamenti e la legge lo permette, addebita delle penali per mancata presentazione. Questo farà sì che più persone si presentino.

Spiega il rapporto costo-valore *usando il loro sconto*. La mia regola empirica: fai in modo che lo sconto della borsa di studio parziale sia pari al 10-30% dei tuoi margini lordi. Supponiamo di pubblicizzare un primo premio del valore di "5.000 $" con un prezzo al dettaglio di 2.000 $. Il vincitore della borsa di studio parziale lo ottiene per 1.800 $ (uno sconto del 10% sul prezzo al dettaglio). Quando comunichiamo loro che hanno vinto la borsa di studio parziale, spieghiamo che ottengono un valore di 5.000 $ per un prezzo di 1.800 $. Confrontando il valore dell'oggetto con ciò che pagano, uno sconto del 10% diventa una differenza del 64% nel rapporto costo-valore!

Se qualcuno dice "no" alla tua offerta di sconto principale, proponi un altro prodotto o servizio in sconto. Potrebbe essere più adatto al potenziale cliente.

Conclusione: ricorda, tutti quelli che hanno partecipato al Giveaway hanno mostrato interesse per il tuo prodotto. E se qualcuno mostra interesse per qualcosa che hai da *offrire, offriglielo.*

Esempio di omaggi gratuiti

Offerta del dentista: concorso a premi gratuito "Sorriso perfetto"

Primo premio: un set gratuito di apparecchi invisibili del valore di 6.000 $

Borsa di studio parziale/offerta promozionale: buono regalo da 2.000 $ per apparecchi ortodontici

Offerta di prodotti fisici: un anno gatis di cibo biologico per cani

Primo premio: un anno di cibo biologico per cani gratis - valore al dettaglio 1.000 $

Borsa di studio parziale/offerta promozionale: buono regalo da 300 $ per cibo per cani *utilizzabile solo con un abbonamento annuale*

Offerta di servizi: omaggio gratuito Ultimate

Primo premio: pacchetto gratuito di 1 anno - valore al dettaglio di 5.000 $

Borsa di studio parziale/offerta promozionale: buono da 2.000 $ da usare per un contratto di servizio di un anno

Offerta di consulenza: Omaggio gratuito "16-Week Turnaround' (Trasformazione in 16 settimane)

Primo premio: Trasformazione Aziendale in 16 Settimane — Valore commerciale $12.000

Borsa di studio parziale/offerta promozionale: borsa di studio parziale da 6.000 $

Esercizio n. 2: crea la tua offerta omaggio

1. Scegli il tuo primo premio: ________________________________

   ____

   a. Scegli se vuoi raddoppiare il premio per incentivare le segnalazioni (S / N)

2. Scegli la tua offerta di borsa di studio parziale: ________________

   ____

3. Scrivi le informazioni che vuoi raccogliere:

   a. Informazioni di contatto: ________________________

   b. Criteri di idoneità: ________________________

   c. Cosa devono fare: ________________________

4. Scadenza per:

   a. Fine del concorso: ________________________

   b. Fine del periodo per richiedere il premio: ________________

OMAGGIO: Omaggi Bonus - Formazione

Gli omaggi sono una delle offerte più allettanti al mondo. Sono così vantaggiosi che devono essere regolamentati. Insomma, chi non vorrebbe qualcosa in cambio di nulla, giusto? Ho realizzato un video di formazione gratuito che tratta l'argomento in modo approfondito. Se ti piace questo argomento quanto me, puoi guardarlo su acquisition.com/training/money. Come sempre, se non ti va di digitare, puoi anche scansionare il codice QR qui sotto. Buona visione.

Offerta esca

Quale pensi che ti darà i risultati migliori?

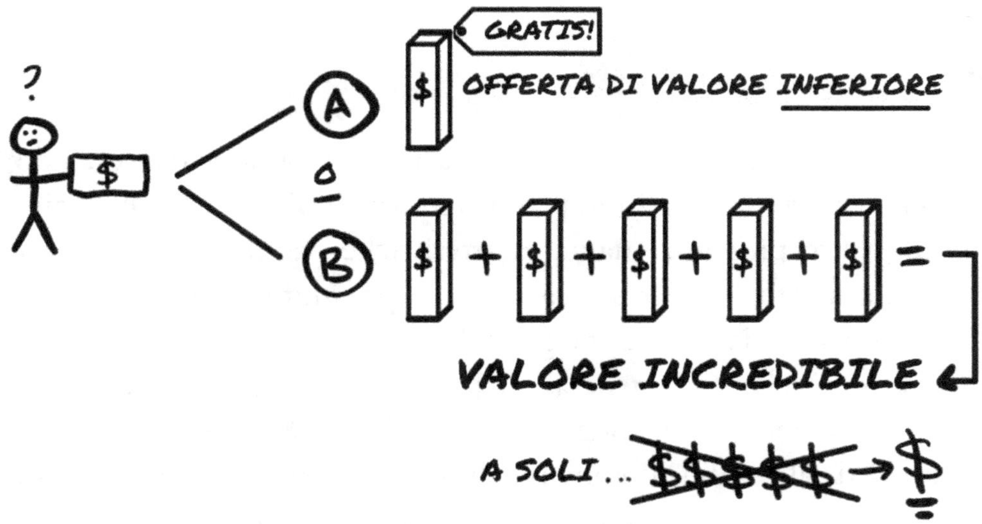

Storia

John è stato il mio secondo mentore. Era un uomo d'affari in pensione che mi invitava alla sua casa al lago. Andavamo in giro con il suo furgone e lui mi raccontava storie per ore. Mi dava un sacco di consigli sul business: cose sul rapporto tra prezzo e valore, offerte a basso costo e chi più ne ha più ne metta.

Un giorno mi ha raccontato di una cosa geniale che avevano fatto nel suo salone di abbronzatura: il pass VIP di 5 giorni a 5 $. Ecco perché ha funzionato: tutti pensano di potersi abbronzare in cinque giorni. Ma non è vero, non proprio. Quindi, quando le persone entrano, gli fanno tutto il discorso sul non scottarsi, come quando si cuoce un tacchino troppo velocemente. Poi dicono: "Ehi, perché non usi questo pass da 5 $ per un abbonamento mensile? Sono solo 19,99 $ per abbronzarsi senza limiti. Ed è molto più economico che pagare 25 $ a seduta". Le persone ne capivano il valore. Facile upsell.

Cinque anni dopo, gestisco la mia palestra. Abbiamo incontrato un ostacolo: i nostri clienti potenziali sono diventati incredibilmente costosi. Mi sto scervellando per trovare una soluzione, poi mi ricordo del metodo del pass abbronzante di John.

Così abbiamo provato qualcosa di simile. Abbiamo offerto un'opzione economica per attirare i clienti, ma poi abbiamo proposto loro il pacchetto premium "Ultimate" a 399 $. Aveva tutti i comfort, più una garanzia. E la parte migliore è che il 70-80% delle persone ha scelto l'opzione più costosa. Stavamo di nuovo spopolando.

La grande lezione? Dai ai clienti quello che vogliono ora, così potrai dare loro quello di cui hanno bisogno più avanti. E fai sempre in modo che la tua offerta premium sia chiaramente vincente. Questa è l'arte dell'offerta esca. John mi ha insegnato il segreto: devi sapere cosa vogliono i tuoi clienti meglio di loro.

Descrizione

Le offerte esca pubblicizzano qualcosa di gratuito o scontato. Poi, quando i potenziali clienti chiedono maggiori informazioni, presenti *anche* un'offerta premium più vantaggiosa. L'offerta premium offre più funzionalità/caratteristiche, vantaggi, bonus, garanzie e così via. Mettendo a confronto le offerte esca e quelle premium, i potenziali clienti possono rendersi conto di quanto sia più vantaggiosa l'offerta premium. Mi piacciono le offerte esca perché attirano più clienti in generale. I potenziali clienti scelgono la versione esca o quella premium. Se scelgono la versione premium, ottimo. Se scelgono quella esca, va bene lo stesso. Questo ti dà il tempo di convincerli a passare alla versione premium invece di perderli. In entrambi i casi, puoi chiudere la vendita con tutti. In questo modo, acquisire nuovi clienti è economico e redditizio. E *qualsiasi* azienda può utilizzare questa strategia.

Ecco i passaggi per creare un'offerta civetta:

1) Pubblicizza una versione più economica, più piccola o più semplice della tua offerta premium come esca.

2) Quando i potenziali clienti si interessano, offri entrambe le opzioni, ma metti in risalto quella premium.

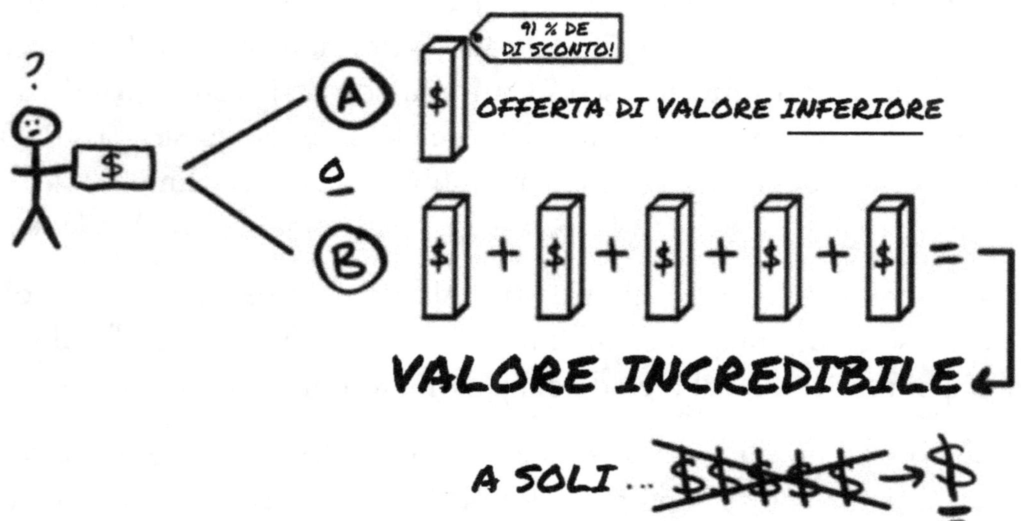

Esempio:

Centro Vasche Asensoriali (Servizio)

Offerta di richiamo: "6 settimane di rilascio dello stress gratis" **O** "6 settimane di rilascio dello stress a 6 $".

Opzione esca: una seduta al mese con esercizi fai da te per alleviare lo stress a casa.

Opzione premium: due sessioni a settimana per 6 settimane, consulenza individuale, diario, routine del sonno. Soddisfazione garantita.

Offerta palestra (attività locale)

Offerta Attrazione: "Trasformazione gratuita in 21 giorni" **OPPURE** "Trasformazione in 21 giorni a 21 $".

Opzione esca: allenamenti in gruppo su Skool.com una volta al giorno. Un piano nutrizionale generale. Possibilità di guardare le registrazioni. Nessun supporto. Nessuna garanzia.

Opzione Premium: allenamenti illimitati, un piano nutrizionale personalizzato, assistenza individuale, risultati garantiti (o avrai altri 21 giorni gratis).

Note importanti

Come creare la tua offerta esca. Offri meno componenti, modelli più vecchi o versioni meno personalizzate della tua offerta premium. Inoltre, elimina qualsiasi garanzia. La tua offerta di richiamo deve solo attirare potenziali clienti. Niente di più.

Pubblicizza i vantaggi, non le caratteristiche. Vogliamo vendere loro il risultato dei loro sogni. Pubblicizziamo una *trasformazione* in 21 giorni, non allenamenti e programmi alimentari. I potenziali clienti ottengono dettagli specifici sul prodotto nella presentazione di vendita, *non* nella pubblicità! Sia i jet privati che le barche a remi possono portarti su un'isola esotica, ma l'opzione premium è sicuramente più piacevole.

Puoi pubblicizzare gli sconti in quattro modi. Supponiamo che tu abbia un'offerta annuale che costa 100 $ al mese. Se vuoi che paghino 900 $ per l'anno, potresti dire:

1) Sconto percentuale: 25% di sconto

2) Importo assoluto: 300 $ di sconto

3) Parte gratuita: 3 mesi gratuiti

4)   Pacchetto totale: un anno a 900 $ (1.200 $)

Sono tutti modi per dire la stessa cosa. Vale la pena provare per vedere quale funziona meglio nel tuo mercato.

Crea un contrasto <u>forte</u>. Il valore dell'opzione premium deriva dalle enormi differenze rispetto all'opzione esca. Quindi rendi l'opzione esca il più semplice possibile. Poi rendi l'opzione premium il più allettante possibile. Maggiore è il contrasto, *migliore è l'offerta*, più clienti la sceglieranno. Pensa ad aggiungere più funzionalità/caratteristiche, vantaggi, bonus, garanzie, ecc.

Le offerte scontate hanno tassi di partecipazione più alti rispetto alle offerte gratuite. Secondo la mia esperienza, se fai un'offerta gratuita, avrai più contatti. Se fai un'offerta scontata, avrai meno contatti, ma una percentuale più alta di persone si presenterà. Quindi, se hai pochi appuntamenti, prova con un'offerta scontata. Questo è importante soprattutto per le attività in cui il costo di una mancata presentazione è alto (come medici, avvocati, dentisti, ecc.).

Se possibile, presenta prima l'offerta premium. In un mondo perfetto, accetteranno subito l'offerta premium. L'offerta esca te la tieni per dopo. Se vengono specificatamente a chiedere l'opzione esca in anticipo...

Fatevi dare il permesso di vendere loro. Se chiedono di conoscere la vostra offerta esca, siete legalmente obbligati a presentarla, oppure se preferite presentarla per prima, ecco come mi piace fare:

Fai loro una semplice domanda: *"Siete qui per qualcosa di gratuito o per risultati duraturi?"*

E non appena rispondono "risultati", come fa la maggior parte delle persone, passa alla tua offerta premium.

Se dicono "roba gratis", mostra l'offerta esca e poi mettila subito a confronto con la tua offerta premium. Solo <u>dopo</u> aver presentato <u>entrambe</u>, chiedi loro: *"Quale pensi che ti porterà più velocemente al tuo obiettivo?"* o *"Quale preferiresti: XXX vantaggio meno prezioso o YYY vantaggio più prezioso 1, 2, 3...?"* A questo punto, dovranno scegliere l'offerta premium. Quindi potrai procedere con la vendita, concordando di comune accordo che è la cosa migliore per loro.

Quando fai la tua offerta premium, *mostrati entusiasta*. Presentala come superiore all'offerta esca, perché lo è. E, supponendo che lo sia, spiega come si adatta meglio al cliente. Il tuo entusiasmo motiva le persone a scegliere le opzioni che daranno loro il massimo valore.

Dal punto di vista della vendita, devi parlare al potenziale cliente come se sapessi già che accetterà la tua offerta. Molti venditori lo chiamano "chiusura presunta". Devi agire partendo dal presupposto *che*: è quello che fanno tutti. È solo una formalità. Fammi vedere il tuo documento d'identità e la tua carta di credito, così potrai ottenere il tuo valore. Niente di esagerato. Solo un atteggiamento amichevole. Quasi annoiato da quanto regolarmente le persone acquistano.

Vantaggio a sorpresa (facoltativo). Per fare un passo in più, se qualcuno sceglie l'opzione esca, puoi decidere di sorprenderlo con alcune funzionalità/caratteristiche a basso costo o gratuite della tua offerta premium. Basta dire qualcosa del tipo: "Ehi, te lo regalo, anche se fa parte della nostra offerta premium, solo perché voglio che tu ottenga ottimi risultati". Questo crea buona volontà, supera le aspettative e aumenta la possibilità che in seguito accettino i tuoi upsell. Ricorda: sono ancora potenziali clienti!

Aspettati di guadagnare velocemente. Se non è così, aumenta il contrasto tra le offerte.

Esercizio n. 3: crea la tua offerta esca

1. Scrivi i quattro modi in cui potresti pubblicizzare: GRATIS o SCONTO

    a. GRATIS:_______________________________________

    b. % SCONTO: ____________________________________

    c. Sconto in importo assoluto: ___________________

    d. Parte gratuita:________________________________

2. Scrivi l'offerta esca e il prezzo: _________________

   ____

3. Scrivi la tua offerta premium migliore e il prezzo: _______

   ____

Compra X e ricevi Y gratis

Compra un cucciolo e ne avrai due gratis!

Storia

C'è questo posto a Nashville che si chiama Boot Factory. È lì da sempre, ed è sopravvissuto a tutte le altre trappole per turisti. Hanno questa enorme insegna al neon con uno stivale da cowboy più grande di un'auto, e la loro offerta è pazzesca: compri un paio e ne prendi due gratis.

Da ragazzo pensavo che fosse una follia. Come potevano rimanere in attività regalando così tanto? Ma anni dopo, con un po' di esperienza nel mondo degli affari alle spalle, ci sono tornato e ho capito tutto.

Ecco la parte geniale: aumentano il prezzo di un paio per coprire il costo di tre. Quindi l'"offerta finale"... per un paio da 600 $... in realtà ne copre tre di paia. Ma il modo in cui la presentano fa sembrare che si tratti di un affare pazzesco. E la gente ne va pazza.

Descrizione

Nelle offerte "Compra X e ricevi Y gratis", quando i clienti comprano qualcosa, ricevono altri prodotti gratis. Più prodotti gratis ricevono e più alto è il loro valore, meglio funziona. Le offerte gratuite attirano *molta* più attenzione delle offerte scontate. Ma se hai solo una cosa da vendere e la regali, *rimani a bocca asciutta.* In situazioni come questa, le aziende tendono a puntare sugli sconti. Organizzano "saldi" sfruttando le festività, i cambiamenti stagionali o qualsiasi altra occasione come motivo per abbassare *temporaneamente* i prezzi e attirare più clienti.

Ma vendendo più di un prodotto alla volta, puoi trasformare le offerte di sconto in *offerte gratuite* ancora più vantaggiose. Quando hai più di un articolo, puoi rendere il valore dello sconto abbastanza grande da coprire il prezzo di più prodotti. Ad esempio, potrei vendere tre magliette a 10 $ l'una per un totale di 30 $ *oppure* potrei vendere una maglietta a 30 $ e regalarne due. Il prezzo è lo stesso, ma ci sono *molti più articoli gratuiti!*

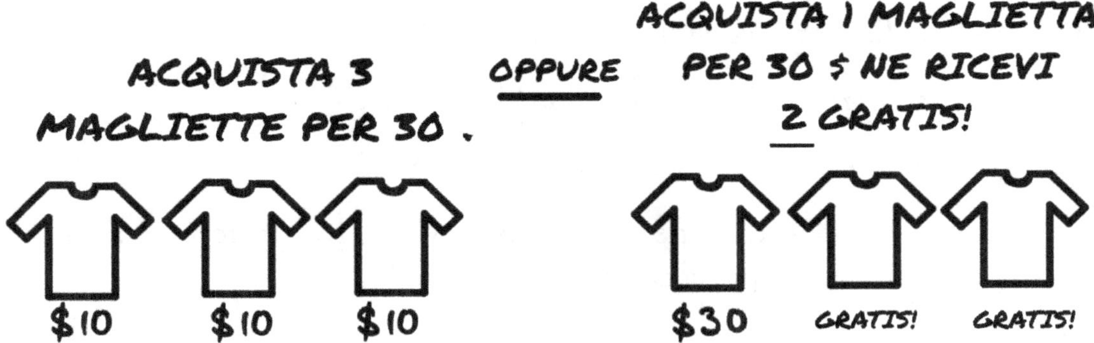

E se volessi offrire uno sconto (anziché *solo* riformulare il prezzo), potrei farlo. Potrei vendere tre magliette a 6,67 $ l'una per un totale di 20 $ (sconto del 33%), *oppure,* mantenendo lo stesso sconto, potrei vendere una maglietta a 20 $ e regalarne due. Il prezzo è lo stesso, ma *si ottengono ancora più articoli gratuiti!*

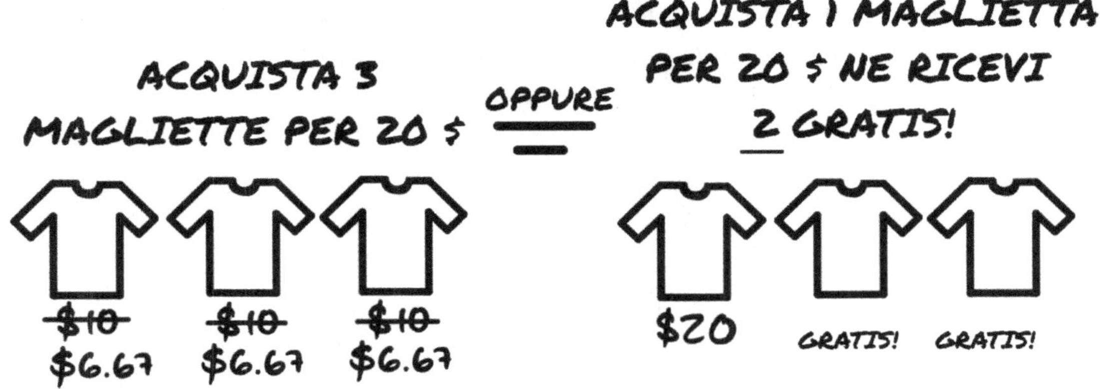

Boot Factory ha scelto la prima opzione. Ha triplicato il prezzo di un paio di stivali e ha aggiunto valore... con altri stivali. E un paio di stivali costosi con due paia in omaggio porta a *Boot Factory* più clienti rispetto alla vendita di un paio a un prezzo equo. Inoltre, se puoi includere *qualcosa in omaggio*, attirerai ancora più clienti.

Esempi

Compra 1 e ricevi 2 gratis Offerta di prodotti fisici: (L'offerta di *Boot Factory*)

- Un paio di stivali: 200

- Offerta "Compra X e ricevi Y gratis": compra un paio a 600 $ e ricevi due paia gratis

- Risultato finale: comprano comunque tre paia di stivali da 200 $ per un totale di 600

3 versioni: 18 mesi di servizi, equivalente ai "3 paia di stivali" precedenti

Buona: *"Acquista 12 mesi e ricevi 6 mesi gratis"* - 1.800

Meglio: *"Compra 9 mesi e prendi 9 mesi gratis"* - 1.800

Ottimo: *"Acquista 6 mesi e ricevi 12 mesi gratis"* - 1.800

Tutti pagano lo stesso prezzo per lo stesso servizio. <u>Ma la terza opzione è la più interessante.</u> (Suggerimento: è quella con più roba gratis!)

Note importanti

L'offerta "Acquista X e ricevi Y gratis" spinge le persone ad acquistare più prodotti *e* offre un valore aggiunto.

Aumenta i prezzi prima di regalare qualcosa per mantenere i profitti. Se usi questa strategia per attirare i clienti, funzionerà. E dato che funzionerà, devi guadagnare. Quindi, aumenta i prezzi *in modo permanente* per compensare lo sconto.

L'offerta "Compra X e ricevi Y gratis" funziona meglio se hai più prodotti gratuiti che a pagamento.

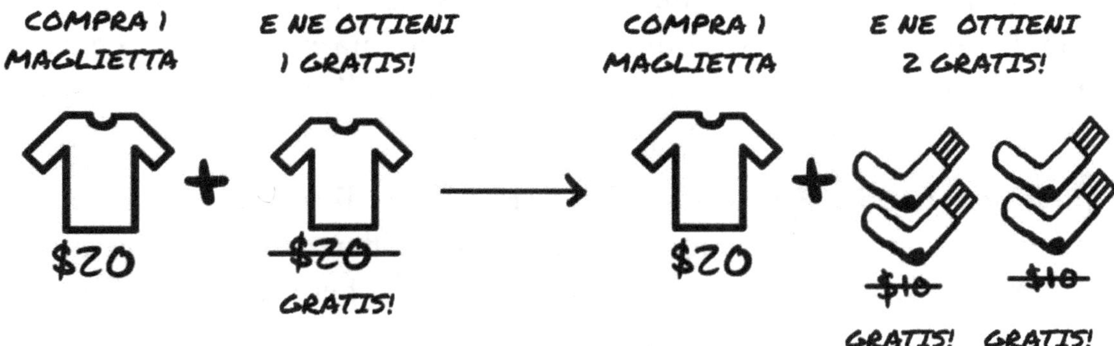

L'offerta "Compra due e ricevi uno gratis" non è così efficace quanto "Compra uno e ricevi due gratis". Per farla funzionare meglio, dai più prodotti gratuiti di quelli che chiedi alle persone di acquistare. Gioca con i prezzi fino a quando non trovi la soluzione più adatta a te.

Gli articoli gratuiti possono essere diversi da quelli a pagamento.

Puoi mescolare e abbinare quello che vuoi. Assicurati solo che il valore delle *diverse* cose gratuite renda comunque l'offerta interessante. Es.: supponiamo che i calzini abbiano un valore di 10 $. Se comprano una maglietta da 10 $ ma ricevono 20 $ di calzini gratis, potrebbe sembrare un affare migliore.

Più prodotti gratuiti e meno costosi possono funzionare meglio di meno prodotti gratuiti e più costosi.

Supponiamo che io possa permettermi di regalare solo una maglietta, ma che allo stesso costo possa regalare tre paia di calzini. Probabilmente proverei l'offerta "Compra 1 maglietta e ricevi 1 maglietta gratis" contro "Compra 1 maglietta e ricevi _3_ calzini gratis". I calzini costano meno di una maglietta, ma le persone vedono comunque "compra una cosa e ricevi tre cose gratis". A volte, *più* cose economiche funzionano meglio di meno cose *più*cose costose.

Non fare offerte del genere se non sai gestire i soldi. Anche se le offerte "Compra X e ricevi Y gratis" generano un flusso di cassa enorme per un'azienda, devi essere in grado di mantenere le promesse. Quindi, se ricevi i pagamenti di un intero anno in un mese, *assicurati di poter mantenere le promesse* per tutto l'anno.

Fai questa offerta ai clienti che già hai per avere soldi subito. Se hai già un'attività che va bene e ti servono soldi in fretta, puoi fare questa offerta ai clienti che già hai. Basta limitare il numero di persone che possono approfittare dell'offerta al 10% della tua clientela.

Anche se i clienti pagano in anticipo adesso, puoi comunque vendere loro altri prodotti in seguito. Molti non vogliono fare altre offerte ai clienti che pagano in anticipo. Questo è un errore. Per esperienza, queste sono le persone che spendono di più. Proponi loro altre offerte e le accetteranno.

Se i clienti acquistano solo una volta, fai in modo che l'acquisto sia il più grande possibile: se hai solo una possibilità, tanto vale sfruttarla al massimo!

Esercizio n. 4: riformulate la vostra offerta come "gratuita"

Scegli un'offerta esistente nella tua attività (prodotto, servizio o pacchetto). Riscrivila come un'offerta *"Acquista X e ricevi Y gratis"* senza cambiare il valore totale scambiato. Esempio: invece di "3 mesi per 300 $", prova "Acquista 1 mese e ricevi 2 gratis".

Scrivi la tua versione qui sotto:

Offerta attuale: ____

Offerta riformulata: ____

Perché questa formulazione sembra più interessante: ______________

____

Esercizio n. 5: prova la regola "Più gratis che a pagamento"

Elenca tre varianti dell'idea *"Acquista X e ricevi Y gratis"* per la tua attività. Assicurati che ogni versione offra più articoli o tempo gratuiti rispetto a quelli a pagamento. Quindi, cerchia quella che risulterebbe più irresistibile per il tuo pubblico.

1. Compra _____________________ e ricevi _____________________ gratis

2. Compra _____________________ e ricevi _____________________ gratis

3. Compra _____________________ e ricevi _____________________ gratis

   Offerta scelta: ____

   Perché vince: ____

   ____

OMAGGIO: Acquista X e ricevi Y gratis Corso video

Acquista X e ricevi Y gratis per guadagnare un sacco di soldi e avere un sacco di clienti. Devi solo saper fare due conti. Ho fatto un video gratis per te con qualche altro modo creativo per usarlo. Puoi guardare il video gratis su acquisition.com/training/money. Se non ti va di scrivere, scansiona il codice QR qui sotto.

Paga meno adesso o paga di più dopo

Il tempo è denaro - Benjamin Franklin

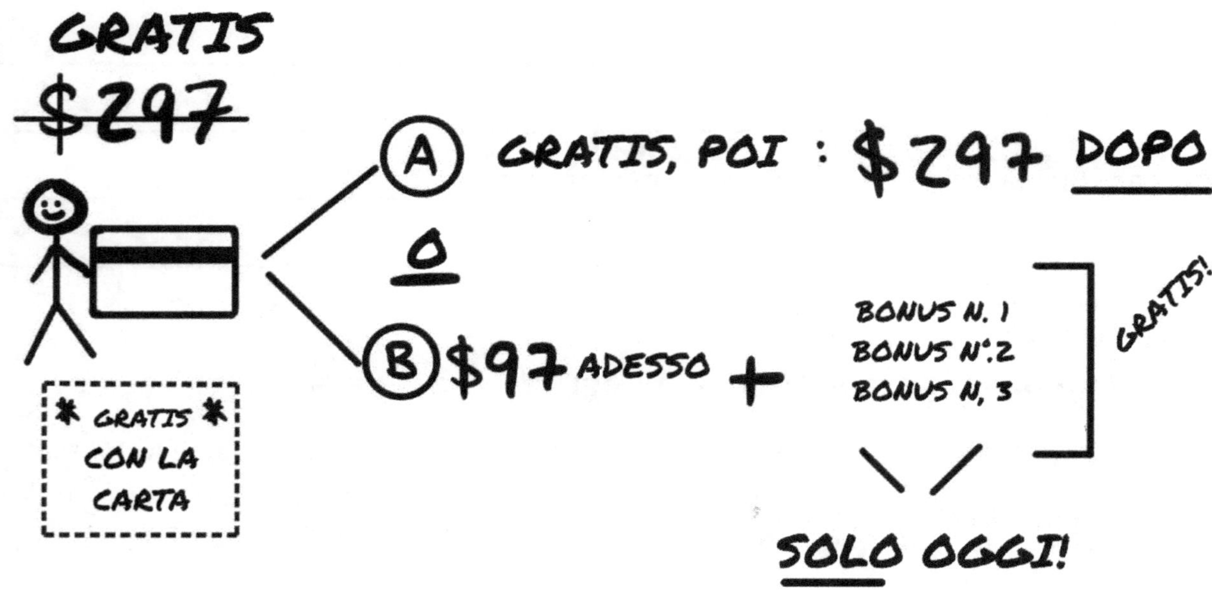

Giugno 2016.

Un titolo ha attirato la mia attenzione: *"Raddoppia la tua velocità di lettura in 3 ore, o è gratis"*. Ho aperto e dato un'occhiata al testo. All'interno, il lettore più veloce del mondo offriva un corso gratuito per raddoppiare la mia velocità di lettura in tre ore. Quindi mi sono iscritto. Perché no?

La pagina di registrazione diceva: "Puoi inserire la tua carta di credito per 0 $ e domani ti verranno addebitati 297 $. Se la tua velocità di lettura non raddoppia, basta inviarci un'e-mail prima di allora e annulleremo l'addebito. Ma devi partecipare per avere diritto al rimborso" *oppure* "puoi pagare subito 97 $ e, come bonus gratuito, ricevere le registrazioni, che non saranno in vendita da nessun'altra parte".

Ho scelto la prima opzione. Volevo vedere se la mia velocità di lettura raddoppiava prima di pagare qualsiasi cosa. Durante l'intero corso mi aspettavo che mi vendesse altri prodotti. Invece mi ha semplicemente offerto un servizio di valore. Dopo due ore, utilizzando le sue tecniche, la mia velocità di lettura raddoppiò. *Impressionante*. Il corso aveva mantenuto la promessa. Si era guadagnato i suoi 297 $.

Dopo di che, mi ha parlato di come avrei potuto imparare a leggere ancora più velocemente con il suo programma di formazione di otto settimane. Ero soddisfatto dei miei risultati, quindi ho deciso di non acquistare l'upsell. Mi ha insegnato un'abilità che uso ancora oggi. Ma il vero valore è venuto dall'apprendimento di una nuovissima Offerta Attrattiva.

Descrizione

In "Paga meno ora o paga di più dopo", dai alle persone la possibilità di pagare il prezzo pieno in un secondo momento OPPURE di pagare un prezzo scontato subito. Questa strategia funziona così bene perché eliminiamo *ogni* rischio per il cliente. Pagano in un secondo momento *e* solo se il prodotto è di loro gradimento. Quindi combina i vantaggi di un pagamento differito e di una garanzia di soddisfazione. *Chiunque può venderla.* Quasi tutti accetteranno di pagare in un secondo momento se saranno soddisfatti. Ma, una volta che avranno accettato di pagare in un secondo momento, potrai convincerli a pagare *subito* con sconti consistenti e bonus di valore.

L'opzione *di pagamento posticipato* ti permette di pubblicizzare il prodotto come "gratuito", poiché i clienti possono scegliere se pagare o meno. Questo attira molti potenziali clienti. Ma questa offerta gratuita ha un ulteriore vantaggio: *otteniamo i dati della loro carta di credito.* Se scelgono questa opzione e il prodotto non gli piace, possono annullare l'ordine in qualsiasi momento prima che l'addebito venga effettuato.

Se accettano l'opzione *di pagamento posticipato*, facciamo un'offerta di follow-up per *pagare subito.* Le opzioni *di pagamento immediato* offrono uno sconto del 20-50% e bonus maggiori. E dato che abbiamo già la loro carta registrata, rendiamo loro facile il pagamento.

Sia che scelgano di *pagare subito* o *in un secondo momento*, avrai dei clienti e, probabilmente, un po' di profitto. Ma, per sfruttare al massimo questa offerta, ti servirà qualcos'altro da vendere. Quindi, assicurati di avere qualcosa *in più*, qualcosa *di meglio, qualcosa di nuovo* da offrire al momento giusto. Nella storia citata, si trattava del corso di formazione di otto settimane che ha offerto alla fine. E non preoccuparti, approfondiremo gli upsell nella prossima sezione.

Esempi:

Trova il tuo primo affare immobiliare - Workshop gratuito di 3 giorni

<u>Paga dopo</u>: 0 $ per il workshop di 3 giorni. Alla fine ti verranno addebitati 500 $, a meno che non annulli.

<u>Paga ora</u>: 299 $ per il workshop di 3 giorni più le registrazioni, una chiamata individuale con un esperto certificato in immobili in difficoltà finaziara o pignorati, più il materiale stampato da usare (consegnato durante il workshop).

<u>Upsell</u>: 30.000 $ per aiutarti in ogni fase della chiusura del tuo primo affare entro sei mesi, *più*: modelli legali, consulente per valutare l'investimento, lista di controllo per l'ispezione, ecc.

Servizio per le imprese locali: potatura gratuita delle siepi

<u>Paga dopo</u>: 0 $ per il taglio del prato + siepi, poi 599 $ dopo.

<u>Paga subito</u>: 369 $ per il taglio del prato + siepi + trattamento del prato.

<u>Upsell</u>: 199 $ al mese per i servizi di cura del prato.

Il rappresentante viene a casa, fa un preventivo e offre entrambe le opzioni, poi fa l'upselling dopo aver finito il lavoro.

Prodotti fisici: 14 giorni di prova per l'abbigliamento

<u>Paga dopo</u>*: 0 $ adesso. Prendilo. Poi ti verranno addebitati 149 $ in 14 giorni.

<u>Paga ora</u>: 97 $ per l'abbigliamento + un accessorio abbinato.

<u>Upsell</u>: l'abito viene fornito con un'offerta di abbonamento mensile per altri capi simili.

Per avere la garanzia, i clienti devono restituire il prodotto come nuovo prima della fatturazione.

Note importanti

Prometti un risultato chiaro sì/no. Prima di tutto, fai in modo che la tua promessa sia un risultato chiaro "sì o no". Poi, assicurati di poterla mantenere entro i tempi previsti. Se non lo fai, ti chiederanno di non essere fatturati. Mantieni la promessa semplice, chiara e misurabile. Questo evita cancellazioni inutili.

Offri una garanzia di soddisfazione <u>con delle condizioni</u>. *Le persone possono annullare la fatturazione solo se ne hanno diritto.* Assicurati di monitorare le condizioni necessarie per averne diritto. Pensa ad esempio alla frequenza, alla presenza agli appuntamenti, alla consegna dei dati, ecc. Stabilisci dei criteri che consentano alle persone di ottenere il massimo valore dal prodotto.

Ottimizza la tua offerta "Paga ora" e "Paga dopo". Se troppe persone scelgono l'opzione "Paga dopo", offri uno sconto maggiore sull'opzione "Paga ora", aggiungi bonus migliori o entrambe le cose. Se troppe persone scelgono l'opzione "Paga ora", fai il contrario.

- L'opzione *"Paga dopo"* prevede un pagamento ritardato con una garanzia condizionata.

    - Stabilisci criteri chiari per avere diritto alla garanzia e modi semplici per misurarla.

    - Se puoi, allinea i criteri a ciò che offre alle persone il massimo valore dal prodotto.

- L'opzione *"Paga subito"* offre uno sconto del 20-50% e dei bonus *se si paga subito*.

    - Offri ai clienti l'opzione *"Paga ora"* <u>dopo</u> che hanno accettato l'opzione *"Paga più tardi"*.

    - Se scelgono *di pagare subito*, ottengono lo sconto e i bonus *invece* della garanzia.

Se più del 10% delle persone hanno scelto "Paga più tardi" annulla il pagamento, significa che hai promesso troppo, le condizioni di garanzia sono troppo basse o il prezzo è troppo alto. <u>Nota</u>: non importa quanto tu sia bravo, *alcune* persone annulleranno il pagamento. Va bene così. Consideralo nei costi della tua attività. Presta particolare attenzione a chi dice di non aver ricevuto ciò che era stato promesso prima della scadenza per l'annullamento.

Questo funziona anche per le attività con entrate ricorrenti. Basta dare loro la possibilità di pagare una tariffa più alta 30 giorni dopo, *oppure* pagare meno oggi e mantenere la tariffa più bassa per sempre. Inoltre, aggiungi alcuni bonus. Per maggiori dettagli, consulta *la Sezione V: Continuità, Capitolo: Offerte bonus di continuità*.

Esercizio n. 6: crea la tua offerta "Paga meno ora, paga di più dopo"

Usa il modello qui sotto per abbozzare la tua versione di questa struttura di offerta. Assicurati che la versione "Paga più tardi" includa una garanzia condizionata e che la versione "Paga ora" includa uno sconto e dei bonus.

Prodotto/Servizio: ____

Offerta "Paga più tardi": ____

Offerta "Paga ora": ____

Condizione di garanzia (ad es. partecipazione, utilizzo): _____________

____

Esercizio n. 7: trova una promessa chiara sì/no

Scrivi un risultato semplice e misurabile che il tuo prodotto o servizio potrebbe promettere e che possa essere chiaramente monitorato durante un periodo gratuito o di prova. Assicurati che sia un risultato "sì" o "no".

Prima: ____

Dopo: ____

Come misurerò il successo (metrica o condizione): _________________

____

OMAGGIO: Formazione per Paga meno ora, paga di più dopo [senza registrazione]

Questa è una delle offerte più creative che abbia mai visto o utilizzato. Funziona eccezionalmente bene con i prodotti digitali e i servizi di breve durata. Questi possono essere incredibilmente efficaci e anche "piacevoli". È anche super facile da insegnare ai venditori. Se vuoi saperne di più, ho creato un corso di formazione approfondito gratuito per te su acquisition.com/training/money. Scansiona il codice QR qui sotto per un accesso facile e veloce.

Libera offerta di spontanea volontà

Chi dice che i soldi non comprano la felicità non ha donato abbastanza.

"Sono diventato tetraplegico nel 2018 e vivevo grazie al sussidio sociale finché non ho scoperto i tuoi contenuti e il tuo libro… Nei 12 mesi successivi ho guadagnato 50.000 $ come libero professionista". - Danny W.

Ho una domanda per te…

<u>Aiuteresti qualcuno che non hai mai incontrato se non ti costasse nulla, ma non ne avresti alcun merito?</u>

La maggior parte delle persone, infatti, giudica un libro dalla copertina. Quindi ecco la mia richiesta a nome di un imprenditore in difficoltà che non hai mai incontrato: **aiuta quell'imprenditore lasciando una recensione su questo libro. La tua recensione aiuta…**

…un'altra piccola impresa come quella di Bill a fornire un servizio alla propria comunità. Nelle parole di Bill: *"Ho aperto una pizzeria all'inizio del 2022, poco dopo aver scoperto $100M Offerte. Le vendite sono partite lentamente, ma ce l'abbiamo fatta! Dopo aver letto $100M Potenziali clienti, abbiamo implementato molte cose, come chiedere ai clienti di fare una donazione al banco alimentare locale per avere la possibilità di vincere pizza gratis per un anno. Ho perso il conto di quanti nuovi clienti abbiamo acquisito dopo aver fatto queste cose per la comunità. Questo dimostra senza dubbio che queste strategie funzionano per qualsiasi tipo di attività. Grazie!". - Bill T.*

…un altro imprenditore come Thomas può sostenere la propria famiglia. Nelle parole di Thomas: *"Dopo dieci anni, sono stato licenziato dal mio lavoro dalle 9 alle 5. Ma poi ho trovato il tuo libro e ho aperto un'agenzia di guide turistiche in Colorado. Due anni dopo, abbiamo cinque dipendenti! Ho letteralmente messo in pratica ciò che ho imparato e ho realizzato il mio sogno. Ora i miei figli e mia moglie sono più felici che mai".*

...un altro dipendente come Miguel ha un lavoro più significativo. Nelle parole di Miguel: *"Ho ricevuto il libro in regalo e ho deciso di passarlo ai miei sei dipendenti. Da allora, la nostra attività ha subito una trasformazione notevole e continua a crescere di mese in mese. Non solo, ma l'ho dato anche ai miei formatori indipendenti. Grazie".*

Se ti riprometti di farlo più tardi, invece, fallo ora. Ci vogliono meno di 60 secondi per cambiare la vita di qualcuno per sempre.

Se sei su Audible, clicca sui tre puntini in alto a destra del tuo dispositivo, clicca su "valuta e recensisci", quindi lascia qualche frase sul libro con una valutazione a stelle.

Se stai leggendo su Kindle o su un e-reader, scorri fino alla fine del libro, poi scorri verso l'alto e ti verrà chiesto di lasciare una recensione.

Se per qualche motivo queste opzioni sono cambiate, puoi andare su Amazon (o dove hai comprato il libro) e lasciare una recensione direttamente sulla pagina del libro.

Se ti fa piacere aiutare un imprenditore sconosciuto, sei proprio il mio tipo. Benvenuto su #mozination. Sei uno di noi.

Sono davvero entusiasta di aiutarti a guadagnare più soldi di quanto tu possa immaginare. Ti piaceranno le strategie che sto per condividere nei prossimi capitoli. Grazie di cuore. Ora torniamo al nostro programma regolare.

- Il tuo più grande fan, Alex

Esercizio n. 8: Lascia una recensione se ti è stato utile

Lascia una recensione su questo libro di esercizi e sul riassunto, così altri imprenditori potranno trovarlo (se pensi che ne valga la pena). :)

Conclusione sulle offerte attrattive

Extra! Extra! Ascoltate tutti!

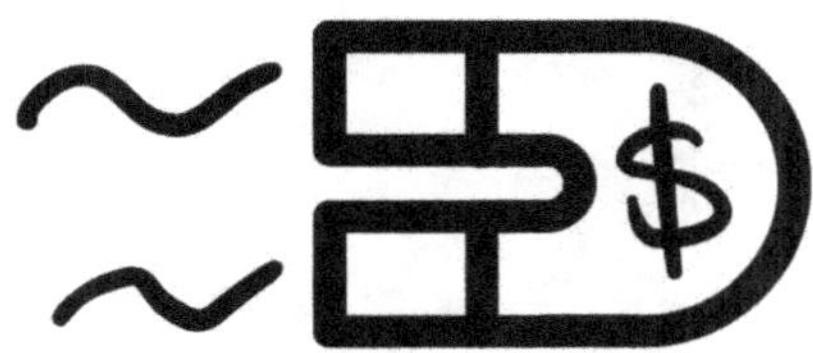

Lo scopo delle offerte di attrazione è trasformare gli sconosciuti in clienti. E farlo in modo da ottenere più soldi in anticipo. L'ideale è ottenere abbastanza soldi per coprire il costo del cliente e il costo di consegna del nostro prodotto *più volte.* In questo modo possiamo ripagarci *e* ottenere il nostro prossimo cliente.

Vi ho mostrato le cinque offerte di attrazione più efficaci che ho visto e utilizzato: Riconquista i tuoi soldi, Omaggi, Offerte esca, Compra X e ricevi Y gratis e Paga meno ora o paga di più dopo. Le ho applicate in un momento o nell'altro a tutte le attività che possiedo.

Dopo aver usato le offerte di attrazione, abbiamo più clienti. E ora che li abbiamo, dobbiamo aumentare i nostri profitti mensili vendendo loro più prodotti. Questo ci porta alla parte successiva del modello da 100 milioni di $: le offerte di upsell, ovvero *cosa offrire dopo.*

Esercizio n. 9: scegli la tua offerta di richiamo

1. Scegli l'offerta attrativa con cui iniziare:

    a. Riconquista i tuoi soldi ( )

    b. Omaggi ( )

    c. Offerte esca ( )

    d. Compra X e ricevi Y gratis ( )

    e. Paga meno adesso o paga di più dopo ( )

2. Dai un'occhiata alle risposte degli esercizi di questo capitolo e inizia.

SEZIONE III:
(UPSELL) OFFERTEDI PRODOTTO/SERVIZIO DI LIVELLO SUPERIORE

Vuoi anche delle patatine fritte? - Il famoso upsell di McDonald's

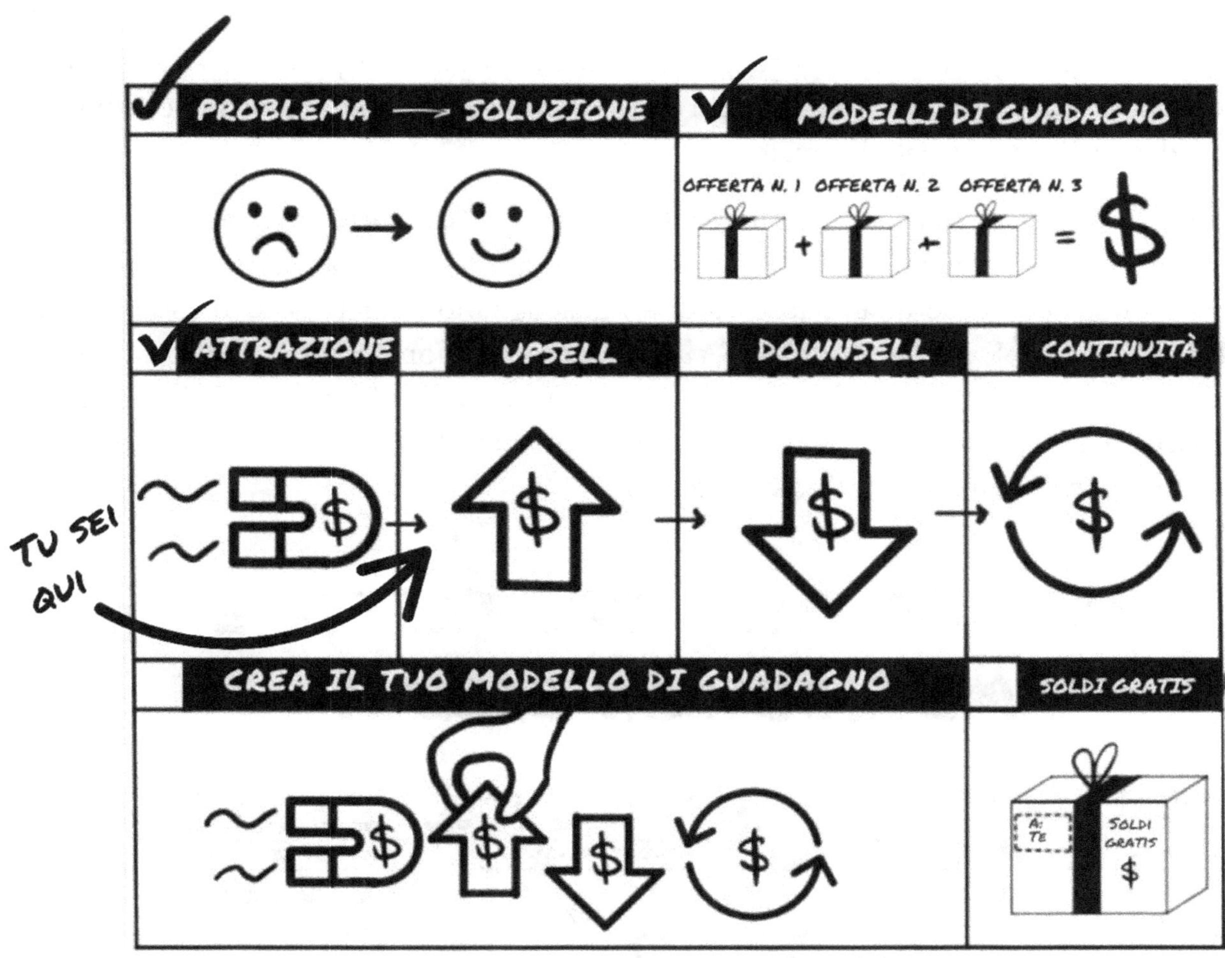

Come funzionano gli upsell

Quando un'offerta risolve un problema, ne spunta un altro. Tu *fai l'upsell* della soluzione al problema che la tua offerta mette in luce. Spesso, gli upsell fanno la maggior parte dei profitti. Sono loro a decidere il successo o il fallimento di un modello di guadagno.

Supponiamo che un fast food guadagni 0,25 $ su un hamburger da 2,00 $. Se fosse l'unica offerta disponibile, dovrebbe vendere circa 10.000 hamburger al giorno per coprire i costi e guadagnarsi *a malapena* da vivere.

Ma non si fermano solo all'hamburger. Chiedono: *"Vuoi anche delle patatine fritte?"* Se la risposta è sì, guadagnano altri 0,75 $ e chiedono: *"Vuoi fare un pasto completo?"*, aggiungendo una bibita. Se qualcuno dice di sì, guadagnano *altri 1,75 $*. Il loro profitto passa da 0,25 a 2,00 $, *un aumento di 8 volte*. E come se non bastasse, fanno una terza offerta: *"Vuoi un menu più grande per solo un dollaro in più?"*. Questo porta il guadagno da un misero 0,25 $ a ben 3 $, *un aumento di 11,6 volte*. E ora questo piccolo locale di hamburger ha davvero una possibilità di successo.

Mostro questo esempio semplice (e comune!) per *sottolineare* una cosa: la tua prima offerta *non sempre* porta profitto. In altre parole, *la cosa che vendi di più non è sempre quella su cui guadagni di più*. Guadagni sulla seconda, terza e, nel caso del business degli hamburger, quarta offerta e oltre. Se McDonald's non vendesse patatine fritte e bibite, non esisterebbe McDonald's. Se vuoi avere successo, devi trovare la tua versione di *"Vuoi anche delle patatine fritte?"*. Se non lo fai, lo faranno gli altri.

Le vendite aggiuntive falliscono quando:

- Offri qualcosa che non vogliono (troppo diverso o che non risolve il loro problema)

- Lo offri nel momento sbagliato (prima che abbiano avuto il problema)

- Lo offri nel modo sbagliato (non ti credono)

- O una combinazione di tutto questo.

In breve, gli upsell di solito offrono:

- *Più* di quello che hanno appena preso (pensa alla quantità) - *Perché mangiare un hamburger quando puoi averne due?*

- Versioni *migliori* (pensa alla qualità) - *Perché mangiare carne di non chiara provenienza quando puoi avere un controfiletto?*

- Cose *nuove* o complementari (pensa a qualcosa di diverso) - *Vuoi anche delle patatine fritte e una bibita con quell'hamburger?*

Io uso quattro offerte di upsell semplici e super efficaci:

- L'upsell classico

- Upsell dal menu

- Upsell di ancoraggio

- Upsell rollover

E con qualche piccolo aggiustamento, puoi inserirle subito nella tua attività. **Attenzione**: questa sezione è super efficace e va usata in modo etico. Detto questo, mettiamoci a guadagnare un po' di soldi.

Offerta di prodotto/servizio di livello superiore classica

Non puoi avere X senza Y!

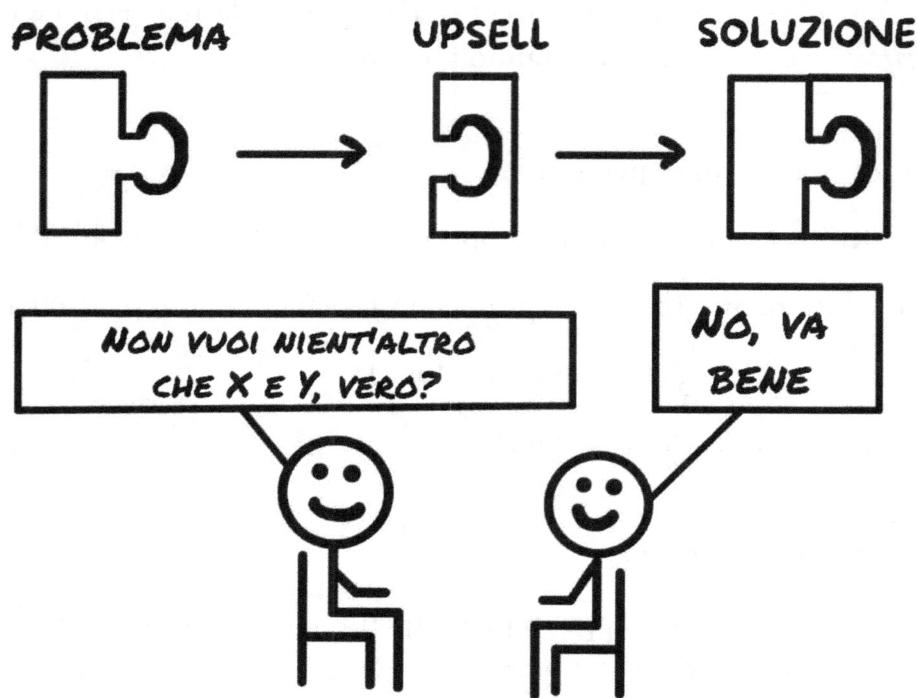

Estate 2016.

Mi sono seduto in un ristorante di lusso con un mentore che conoscevo dall"infanzia, un pellicciaio di quarta generazione. Ha iniziato sottolineando quanto fosse costoso il cibo. La conversazione è cambiata e lui ha tirato fuori il fatto che ora ero "nel giro". Abbiamo iniziato a parlare di come avesse inventato il "deposito estivo" per le pellicce e di come guadagnasse milioni ogni anno grazie a questo. Mi ha raccontato con entusiasmo il loro nuovo modello di guadagno:

"Pubblicizziamo paraorecchie gratuiti con il deposito dei cappotti. E senti questa. Quando i clienti vengono a ritirare i paraorecchie e a depositare i cappotti, lui dice: *'Ottimo. Li depositeremo anche quelli per 30 $. Non volete depositare nient'altro, vero?'*. E, ovviamente, loro rispondono di no".

"Aspetta un attimo, quindi fai pagare loro un deposito aggiuntivo per i paraorecchie gratuiti facendogli dire di no?"

Mi ha insegnato come convince i clienti a depositare i loro paraorecchie gratuiti dicendo *di no*, che non vogliono depositare *nient'altro*. Questo si chiama "chiusura presunta", di cui parleremo tra un attimo.

Descrizione

Il Classic Upsell offre una soluzione al prossimo problema del cliente *nel momento* stesso in cui ne diventa consapevole. Spiego prima il Classic Upsell perché è estremamente redditizio, facile e chiunque può farlo. Motivo principale: i clienti attuali hanno *sempre* maggiori possibilità di acquistare i tuoi prodotti rispetto agli estranei. E, se il momento è quello giusto, i clienti stessi chiedono l'upsell.

L'upsell classico si basa sul conoscere il problema del cliente meglio di lui. L'idea è semplice: la tua offerta principale risolve un problema e ne crea un altro. *Il tuo upsell risolve immediatamente il problema successivo.* Questo conferisce al classico upsell la sua struttura "Non puoi avere X senza Y". Come nella storia dell'auto a noleggio. Non puoi avere un'auto senza assicurazione. Non puoi avere un'auto senza benzina. Non puoi fare un bel viaggio senza il check-out posticipato. Ecc. E tutte queste cose diventano immediatamente evidenti *non appena* il cliente effettua il primo acquisto.

Conclusione: se si presenta un problema e puoi risolverlo subito, in cambio di soldi, *fallo!*

Esempi

Servizio di autolavaggio locale

Primo acquisto: autolavaggio

Vendita aggiuntiva: sigillante

Non vorrai fare il lavaggio senza sigillante. Ottieni molto di più per i tuoi soldi.

Prodotto fisico

Primo acquisto: Bicicletta

Upsell n. 1: Casco

Upsell n. 2: Luci

Upsell n. 3: Pneumatici resistenti alle forature

Non puoi andare in bici senza casco!

<u>Prodotto digitale</u>

Primo acquisto: corso sull'esercizio fisico

Upsell: Corso sull'alimentazione

Non puoi compensare una cattiva alimentazione con l'esercizio fisico... quindi ti servirà il nostro corso sulla nutrizione.

Note importanti

Fallo davvero. Saresti sorpreso di sapere quante aziende vengono da me e vendono solo una cosa.

Offri prima gli upsell più redditizi. Se offro due prodotti e uno ha un profitto maggiore dell'altro, offro prima l'opzione con il profitto maggiore.

Fai in modo che "dicano no per dire sì". Le persone sono abituate a rispondere "no" alla domanda "Non vuoi nient'altro, vero?". Ma questo in realtà trasforma un "no" in un "sì". Quindi, quando fai upselling, la domanda si traduce in: *Non vuoi nient'altro [oltre a quello che ti ho appena offerto], vero?*

Sorprendili e stupisci. Supponiamo che tu abbia quattro bonus da aggiungere per convincere le persone indecise ad acquistare. Aggiungine uno alla volta. Se dicono di sì prima che tu li aggiunga, dai loro comunque tutti e quattro. Li sorprenderai e li renderai felici.

Vendi di più quando comprano di più: ciclo di acquisto iperattivo. La maggior parte degli acquirenti entra in un ciclo di "acquisto iperattivo" quando decide di fare qualcosa di nuovo. È in questo momento che spendono una grossa somma di denaro in un breve periodo di tempo. Pensa ai matrimoni, all'inizio di nuovi hobby, alla nascita di un bambino, al trasferimento in una nuova casa e così via.

Usa i bonus gratis per creare problemi che le offerte di upselling risolvono. I bonus risolvono i problemi. E grazie al ciclo problema-soluzione, possono anche rivelarli. Gli upselling possono risolvere quel nuovo problema.

Più velocemente le persone hanno accesso alle cose, più le apprezzeranno. Una cosa da 10.000 $ che ottieni in un secondo momento vale meno di una cosa da 10.000 $ che ottieni ora. Più tempo ci vuole per accedere a qualcosa, meno valore ha in quel momento. Quindi, se vuoi aumentare le possibilità che accettino l'upsell, rendilo disponibile il prima possibile. Ottieni punti bonus se lo metti nelle loro mani prima che abbiano detto di sì. È molto più difficile restituire qualcosa che dire di no.

Se metti insieme più prodotti, dai loro un nome. È più facile vendere una cosa piuttosto che nove. Raggruppando gli articoli, puoi fare una sola «richiesta» e ottenere nove vendite. Io do un nome ai pacchetti in base al tipo di cliente *e/o* al risultato. Ad esempio, pacchetto "Risultati più rapidi" o "Pacchetto trasformazione" o "Pacchetto minimo".

Inserisci gli upsell nelle altre tue offerte. Fai in modo che gli upsell facciano parte di come offri le altre cose. Così, più clienti li prenderanno. Metti la prossima cosa che vuoi vendere nella prima cosa che comprano.

Assicurati di fissare un altro incontro dopo quello che hai appena fatto (BAMFAM: Book-A-Meeting-From-A-Meeting). Più volte riesci a fare upsell, più persone acquisteranno. Se fai upsell a più persone, guadagni di più. Dato che è quello che vuoi... concludi ogni appuntamento fissando il prossimo. Quindi, se decidi di rivederti, *concorda subito il motivo e la data.*

Fai upsell tutte le volte che ti sembra giusto. Offri tante soluzioni quanti sono i problemi che puoi risolvere. Non essere timido. Se puoi risolvere un problema, offriti di farlo. La seconda cosa peggiore che può succedere è che ti dicano di no. *La cosa peggiore è che avrebbero detto di sì, ma tu non glielo hai chiesto.*

Garantite, assicurate e vendete di più. Molte aziende offrono garanzie sui prodotti. Molte aziende offrono assicurazioni sui prodotti. Puoi vendere tutte queste cose. *Quindi, invece di farlo gratis, aggiungi semplicemente il 5-50% al prezzo in cambio della garanzia che il tuo prodotto fa quello che dici.* Esempio: uno studio d'arte sostituiva gratuitamente i ritratti danneggiati. Ho consigliato loro di chiedere ai clienti se fossero disposti a pagare un supplemento del 10% per questo servizio. Ora, il 30% dei clienti acquista una garanzia che lo studio d'arte offriva gratuitamente. Puro profitto.

Esercizio n. 10: crea il tuo classico upsell "Non puoi avere X senza Y"

Inizia con una delle tue offerte principali. Individua il problema immediato e logico che crea. Poi scrivi l'upsell che risolve questo nuovo problema.

Offerta principale: ____

Problema immediato che crea: _____________________________________

Offerta di upsell (risolve quel problema): _________________________

____

Come lo presenteresti: "Non puoi avere [X] senza [Y]"

Esercizio n. 11: crea un pacchetto + percorso di downsell

Metti insieme 2-4 upsell correlati in un pacchetto con un nome. Poi trova un elemento che puoi "staccare" come downsell se i clienti sono indecisi.

Nome del pacchetto: ____

Cosa include: ____

Opzione di downsell separabile: _______________________________

____

Idea di base: "Preferiresti iniziare solo con [X]?"

Offerta di prodotto/servizio di livello superiore dal menu

Non ti serve quello... ti serve questo.

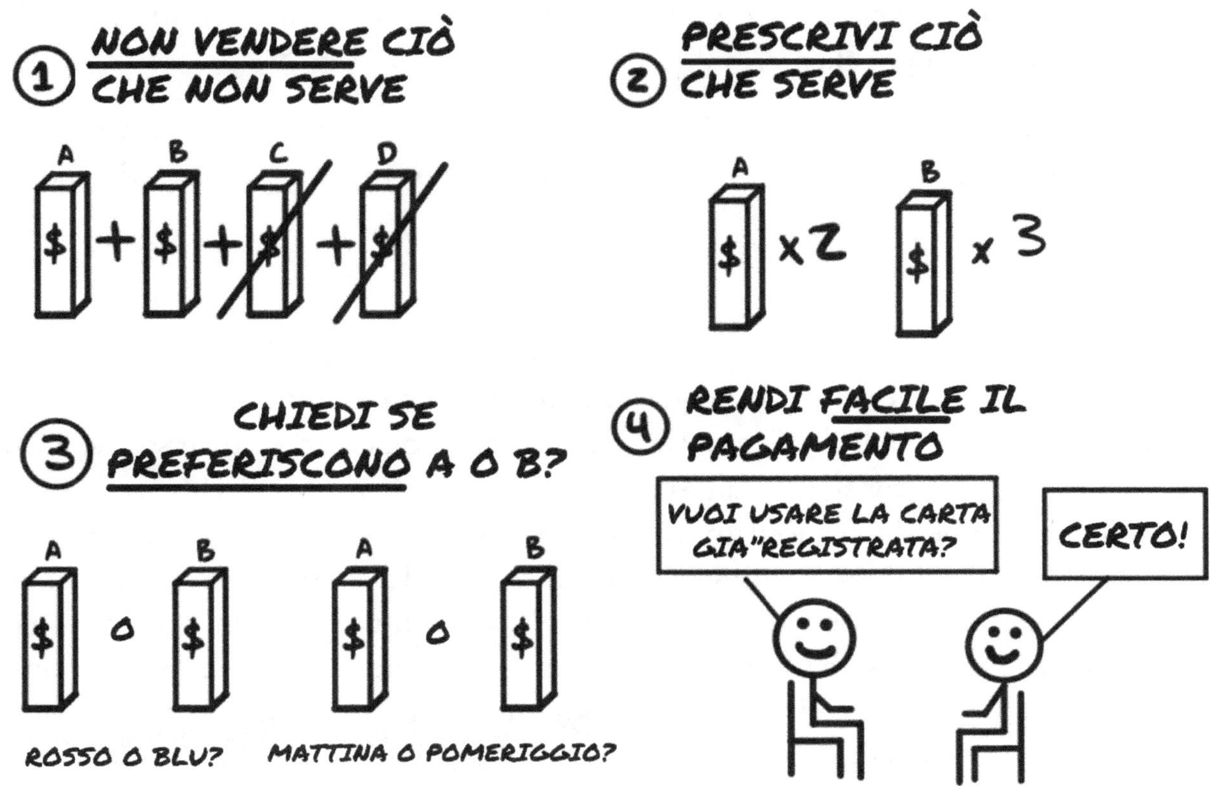

Dicembre 2013.

Facevo fatica a vendere integratori nella mia palestra, nonostante avessi provato varie tattiche come tenere gli scaffali riforniti e spiegare gli aspetti scientifici. In una giornata particolarmente difficile, dopo 19 consulenze nutrizionali fallite, ero disperato di vendere qualcosa al mio ventesimo cliente. Nel mio nervosismo, ho dimenticato il mio copione e ho semplicemente chiesto al cliente di scegliere tra i diversi gusti, il che ha portato inaspettatamente a una vendita. Ho continuato con questo approccio, chiedendo anche se volevano usare la carta registrata, e ho finito per vendere ai successivi 20 clienti di fila.

Conclusione: ho scoperto due strategie che hanno cambiato per sempre il mio approccio all'upselling. La prima è l'upselling A/B: chiedo *al cliente quale prodotto preferisce*, invece di chiedergli se vuole il prodotto in generale. La seconda è chiedere *se vuole usare la carta registrata nel sistema*, invece di chiedergli di tirare fuori di nuovo la carta. Uso ancora entrambe queste strategie.

Agosto 2014.

Dopo aver imparato la mia tecnica di vendita iniziale, vendevo regolarmente da 5.000 a 10.000 $ di integratori al mese. Un giorno, le domande incessanti di un cliente mi hanno portato a scrivere delle istruzioni dettagliate, che inaspettatamente sono diventate un potente strumento di vendita. Incorporando le istruzioni scritte nel mio processo di vendita e dando per scontata la vendita, ho aumentato notevolmente i miei profitti senza dover dedicare tempo extra a ogni cliente.

Conclusione: ho imparato che le istruzioni *dettagliate* e *personalizzate* convincono più persone rispetto a suggerimenti vaghi e generici. Lo chiamo "upselling su prescrizione".

Novembre 2016.

Ero diventato davvero bravo a vendere integratori durante i lanci in palestra, talmente bravo che continuavo a esaurire le scorte. Un giorno, una cliente è entrata chiedendo prodotti che avevo già esaurito. Senza pensarci, ho fatto qualcosa di diverso: ho iniziato a "non vendere". Le ho consigliato alternative più economiche che avrebbero funzionato altrettanto bene e ho persino cancellato dalla sua lista gli articoli di cui non aveva realmente bisogno. La sua reazione mi ha sorpreso. Invece di essere delusa, sembrava sollevata e grata. Il mio approccio onesto, dirle cosa *non avrebbe dovuto* comprare e concentrarmi solo su ciò che le sarebbe stato utile, ha creato immediatamente fiducia. Anche se avevo eliminato metà della sua lista e declassato il resto, ha comunque comprato da me. E, cosa ancora più importante, ne era contenta.

È stato allora che ho capito una cosa importante: a volte il modo migliore per vendere è non vendere. In seguito, ho persino iniziato a tenere alcuni prodotti in magazzino solo per poterli cancellare davanti ai clienti. Sembra controproducente, ma quel semplice gesto di eliminare qualcosa di cui non avevano bisogno ha creato abbastanza fiducia da far sì che si fidassero dei miei consigli su ciò di cui *avevano davvero* bisogno.

Conclusione: io chiamo questo processo "non vendere".

Descrizione

In un Menu Upsell, dici ai clienti quali opzioni non servono. Poi, dici loro cosa serve, quali sono le loro preferenze *e* come trarne valore. I Menu Upsell combinano fino a quattro tattiche: A/B Upselling, Prescription Upselling, Unselling e Card on file.

In primo luogo, dissuado i clienti a comprare ciò che non serve loro.

Poi, <u>prescrivo</u> quello di cui hanno bisogno.

Terzo, chiedo loro di scegliere tra A e B.

Infine, rendo l'acquisto più facile chiedendo se vogliono usare la carta registrata.

Non vendere. Non vendi dicendo ai clienti cosa non serve loro, in modo da poter sottolineare ciò che serve. In questo caso, invece di chiedere ***<u>se</u>*** vogliono acquistarlo o meno, spieghi ***<u>cosa non serve loro</u>*** per ***<u>suscitare il loro interesse per ciò che serve.</u>*** Gli unsell variano in base alle esigenze del cliente. Quando alcune opzioni funzionano meglio, puoi eliminare le altre. Dopo aver detto loro cosa <u>non serve</u>...

Upselling prescrittivo. Diciamo loro ciò <u>di cui hanno</u> bisogno. L'upselling prescrittivo funziona bene quando offrire una scelta è scomodo e hai solo una cosa che risolve il problema. L'upselling prescrittivo ha due componenti importanti. In primo luogo, devi spiegare come si integra con le offerte che hanno già acquistato. In secondo luogo, personalizzi e descrivi in dettaglio come massimizzarne il valore. In questo caso, invece di chiedere ***<u>se</u>*** vogliono acquistarlo o meno, spieghi ***<u>come utilizzarlo</u>*** come se lo avessero già fatto. Ancora una volta, eliminiamo l'opzione di non acquistare per ridurre la possibilità che non comprino. E una volta che ho spiegato loro esattamente come useranno tutto...

A/B Upsell. Chiediamo loro quali sono le loro preferenze. L'upselling A/B funziona per *più offerte che risolvono lo stesso problema.* Si fa l'upselling A/B chiedendo loro quali sono le loro preferenze. Invece di chiedere ai clienti ***<u>se</u>*** vogliono comprare un prodotto, sì o no, chiediamo quale prodotto ***<u>preferiscono:</u>*** A o B. Entrambe le scelte portano a un upsell. In pratica, quando dai alle persone la possibilità di non comprare, alcune non comprano. Quindi, offro la possibilità di scegliere tra l'acquisto di due prodotti simili. Una volta che sanno cosa stanno acquistando e come lo useranno, suggerisco loro il modo più semplice per pagare...

Carta registrata. La ciliegina sulla torta di tutto questo upsell. Chiedo letteralmente: "Vuoi usare la carta registrata?". In questo caso, invece di chiedere ***<u>se</u>*** vogliono pagare o meno, ***<u>fai riferimento</u>*** ai metodi che già conoscono. Questo spinge più persone ad acquistare perché riduce i "costi nascosti" dell'acquisto. Scegliere quale carta usare. Tirarla fuori. Ricordarsi delle brutte decisioni di acquisto prese in passato. Anche la seccatura di comprare qualcosa in fretta... e chissà quanti altri motivi. Sappi solo che se rendi facile l'acquisto, più persone lo faranno.

<u>Mi ci sono voluti dieci anni per impararlo. Spero che tu possa impararlo in dieci minuti.</u>

Esempi

Massaggiatore

Non vendere: Offriamo un massaggio linfatico, ma tu non sei incinta e non hai appena fatto un intervento, giusto? Quindi possiamo escluderlo.

Prescrivere: Visto che ti fa male la spalla, prima ti riscalderemo, poi lavoreremo sui punti di pressione e dopo faremo degli allungamenti dinamici.

A/B: Preferisci farlo prima del lavoro o mentre torni a casa?

Carta registrata: Vuoi usare la carta registrata?

Cibo per cani

Unsell: Non ti servirà questa bustina piccola o questa roba per cuccioli, hai un cane grande! Non ti servono nemmeno queste vitamine perché il cibo lo contiene già.

Prescrizione: Dovresti anche dare al tuo cane uno di questi snack per le articolazioni a ogni pasto. E ogni 90 giorni, dagli uno di questi wafer per la filaria. Inoltre, assicurati di riportarlo il mese prossimo. Prenotiamo subito.

A/B: Il tuo cane preferisce il gusto manzo o pollo?

Carta registrata: Vuoi usare la carta registrata?

Prodotto digitale

Unsell: Non hai ancora bisogno di tutti e otto i corsi. Devi solo risolvere X, Y e Z. Facciamo così. Ti mando del materiale gratuito che risolverà i problemi X e Y. Poi, ti servirà solo un corso per il problema Z...

Prescrivere: Ma per risolvere Z, ti conviene seguire il corso in *questo* modo specifico. Puoi dedicarci un'ora al giorno? Ok, perfetto. Questo eviterà che altri problemi Z si presentino in futuro.

A/B: Preferisci ricevere assistenza tramite messaggi diretti o telefono? Ok, perfetto. Vuoi iniziare oggi o lunedì?

Carta registrata: Fantastico. Vuoi usare la carta registrata?

Note importanti:

Rendi qualsiasi cosa vendibile con A/B. Puoi trasformare *qualsiasi cosa* in un'offerta A/B. Solo per darti qualche idea… Quantità (vuoi una bottiglia o due?), date di inizio (iniziare domani o lunedì?), preferenza di pagamento (contanti o carta?), gusti (cioccolato o vaniglia?), fasce orarie (mattina o pomeriggio?), media (leggere o ascoltare?), velocità di consegna (standard o overnight?), dimensioni (piccole o medie?), colori (nero o bianco?), materiali (carta o plastica?), personale (John o Sara?), comunicazione (chiamata o SMS?). Con un po' di creatività, puoi trasformare *qualsiasi cosa* in un upsell A/B.

Se fai un'offerta A/B, aggiungi un piccolo incoraggiamento. Se i tuoi clienti hanno un'esperienza limitata con i tuoi prodotti o servizi, dai loro una spinta. *"Questo è il mio preferito"* o *"X è di solito una scelta sicura»* o *"Molte persone lo adorano"* o *"Le sessioni del martedì sono un po' più piccole, se ti piace"* o *"Amy è bravissima con i liceali"*. Queste frasi brevi aiutano davvero a far decollare le vendite. (Suggerimento: se vuoi vendere più velocemente un prodotto in particolare, *dai* una spintarella in più a quello).

Se hai esaurito le scorte, prendi i soldi e rimanda la consegna. In seguito ho imparato che potevo semplicemente vendere i prodotti, ordinarli e comunicare la data di consegna prevista. Questo mi ha permesso di vendere una selezione molto più ampia perché non dovevo tenere le scorte. Se esaurisci le scorte, valuta la possibilità di incassare il denaro e modificare le aspettative di consegna. Saresti sorpreso di quanto funzioni bene.

I dipendenti adorano non vendere. Ai dipendenti spesso *piace* aiutare i clienti a "aggirare il sistema". *Lasciali fare.* Incoraggia i dipendenti ad aiutare i clienti ad aggirare il sistema di proposito. I tuoi dipendenti hanno conoscenze privilegiate, quindi permetti loro di mostrare ai clienti come ottenere il massimo valore da ciò che hai da offrire. Tutti ne traggono vantaggio.

Esercizio n. 12: crea il tuo menu di upsell

- Scrivi cosa *non venderai*: _______________________________________

- Scrivi cosa *prescriverai*: _______________________________________

- Scrivi la tua *offerta A*: _______________________________________

    Offerta B: _______________________________________

    - Quale spingerai (A o B?)

- Scrivi quando otterrai la carta in modo da poterla usare *per* chiudere *la pratica*: _______________________________________

Offerta di prodotto-servizio di livello superiore di ancoraggio

L'unica cosa peggiore di fare un'offerta di 1.000 $ a qualcuno che ha un budget di 100 $…
è fare un'offerta di 100 $ a qualcuno con un budget di 1.000 $.

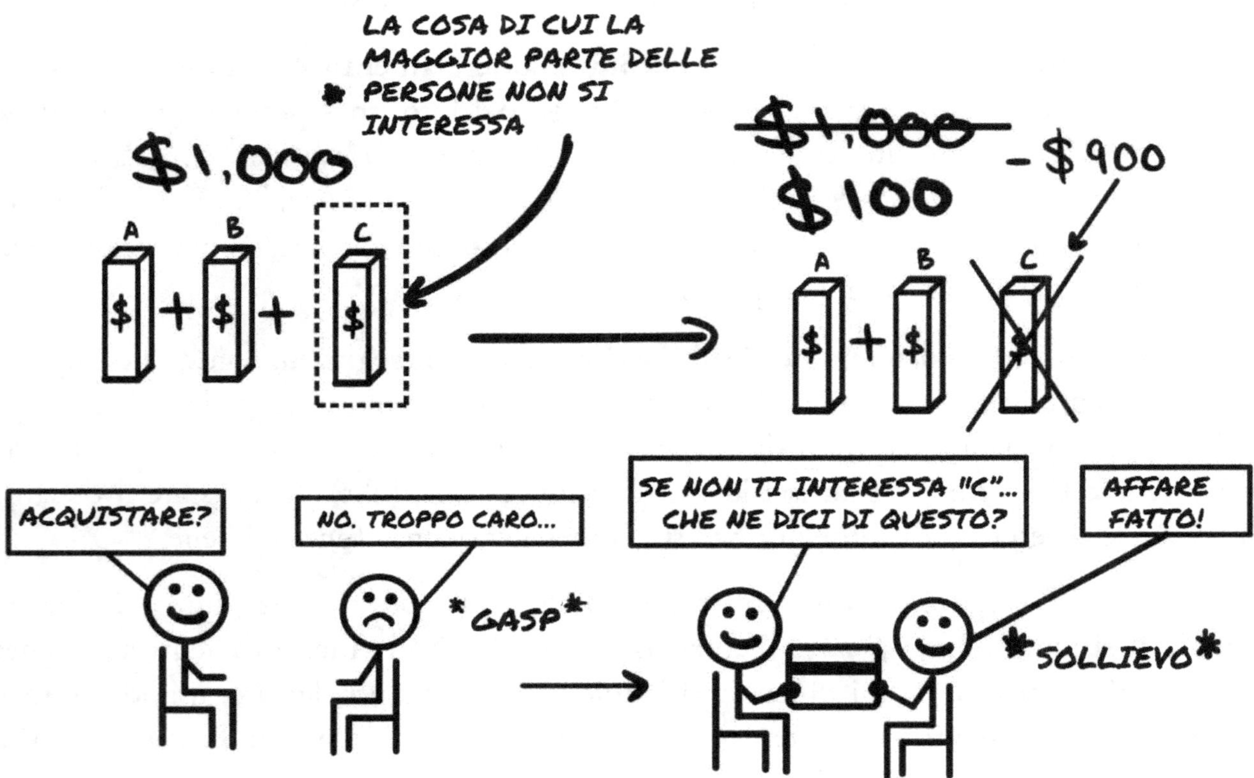

2016. Dopo aver avviato Gym Launch, ma prima di guadagnare soldi.

Dopo aver avviato Gym Launch, ho deciso di comprare un abito per sembrare più professionale, con un budget di 500 $ per l'acquisto. Nel negozio di abiti, ho provato prima un abito da 16.000 $, che mi ha lasciato imbarazzato e fuori posto quando ho visto il prezzo. Il proprietario, notando il mio disagio, mi ha subito offerto un abito da 2.200 $, che mi è sembrato ragionevole in confronto, e alla fine ho speso 2.500 $ in totale. Ripensandoci, mi sono reso conto che il proprietario aveva abilmente utilizzato una tecnica di ancoraggio del prezzo, facendo sembrare l'abito da 2.200 $ un affare rispetto a quello da 16.000 $, portandomi a spendere cinque volte il mio budget iniziale pur sentendomi soddisfatto dell'acquisto.

Descrizione

Se presenti prima una versione premium che costa 5-10 volte di più, molte persone diranno di no. Poi, quando presenti la tua offerta principale, sembrerà un *affare molto più vantaggioso*. Quindi, più persone la acquisteranno.

L'Upsell di ancoraggio funziona meglio quando l'offerta a prezzo inferiore ha le stesse *funzioni principali* di quella premium. Ad esempio, non mi importava molto del designer. Avevo solo bisogno di un abito. Quindi, rispetto all'abito da 16.000 $, quello da 2.200 $ era un *affare decisamente migliore*.

Gli upsell con ancoraggio hanno anche due fantastici vantaggi. In primo luogo, i clienti ancorati spendono più di quanto farebbero normalmente. In secondo luogo, *alcuni clienti acquistano comunque l'articolo super costoso.*

Ecco come fare:

1) Mostra l'ancoraggio (aggancio), cioè la cosa che costa un sacco.

2) Ottieni "lo stupore": aspettati che il cliente rimanga sciocato dal costo.

3) Vieni in soccorso: chiedi se gli interessa *cosa lo rende un prodotto di alta qualità.*

4) Fai la tua offerta principale: aspettati che il cliente si senta sollevato e capisca che è *un affare migliore.*

5) Chie*di* come desidera pagare: *quale carta preferisce?*

Esempi

Servizio locale: cura del prato

Ancoraggio premium: ottieni il mio numero di cellulare, pacciamatura di alta qualità, controllo naturale dei parassiti, manutenzione del giardino due volte a settimana - 1.000 $ a settimana

Offerta principale: il numero del mio team, pacciame generico, controllo dei parassiti normale, manutenzione del giardino due volte a settimana - 200 $ a settimana

Prodotto fisico: un quadro

Ancoraggio premium: imballaggio super protettivo + assicurazione di 20 anni + confezione regalo = 1.000 $

Offerta principale: imballaggio normale + assicurazione di 1 anno + adesivo - 200 $

<u>Prodotto digitale: newsletter</u>

Ancoraggio premium: tutti i numeri precedenti + nuovi numeri + 24 ore di anticipo = 199 $ al mese

Offerta principale: Solo nuovi numeri + puntualità = 19 $/mese

Note importanti

Se tratti l'ancoraggio come una cosa finta, anche il cliente lo **farà.** Affinché funzioni, devi venderla davvero e loro devono prenderla in considerazione. Solo dopo che si fermano, esitano o chiedono qualcos'altro, puoi passare alla cosa successiva. Non limitarti a seguire la routine, altrimenti non funzionerà.

Fai un'offerta premium che vuoi davvero che la gente compri. Presenta la tua offerta Premium come se volessi davvero che le persone la acquistassero. Il modo migliore per farlo è renderla abbastanza costosa da renderti felice nel caso in cui venisse scelta. E se non lo fanno, li hai comunque ancorati.

Un ancoraggio fa "rimanere senza fiato". Quando fai un upsell con ancoraggio in modo corretto, i clienti avranno dei mini attacchi di panico. Io lo chiamo "il sussulto". Più grande è il sussulto, più comprano.

Una volta ottenuto lo stupore, entra in azione. Tieni pronta un'offerta di riserva da proporre quando rimangono stupiti. E se non rimangono stupiti... punta alla vendita mostruosa!

Per convincere più gente a comprare la tua offerta principale, rendila più interessante. Modifica solo alcune caratteristiche della tua offerta premium per creare la tua offerta principale. Ogni offerta ha delle caratteristiche. Alcune caratteristiche sono più importanti di altre. È importante che le caratteristiche principali rimangano le stesse. Poche persone prestano attenzione alle caratteristiche secondarie, *quindi modificale.* Dopo aver creato l'ancoraggio, offrire le caratteristiche principali a ⅕ del prezzo rende l'offerta principale *molto vantaggiosa.*

Esercizio n. 13: crea il tuo upsell di ancoraggio

1. Scrivi il prezzo della tua offerta di ancoraggio *(ultra premium)* (5x–10x+) :

   ____

   a. Componente PRINCIPALE dell'offerta di ancoraggio n. 1:

   ____

   b. Componente PRINCIPALE dell'offerta di ancoraggio n. 2:

   ____

   c. Componente SECONDARIO dell'offerta di ancoraggio n. 3:

   ____

   d. Componente SECONDARIO dell'offerta di ancoraggio n. 4:

   ____

2. Scrivi la tua offerta principale con componenti secondari *leggermente* diversi:

   a. Prezzo dell'offerta principale (⅕-⅒ del prezzo di riferimento):

   ____

   b. Componente PRIMARIA dell'offerta principale n. 1: (STESSA)

   c. Componente PRIMARIO dell'offerta principale n. 2: (STESSO)

   d. Componente SECONDARIA dell'offerta principale n. 3 *(diversa dall'offerta di riferimento sopra)*: _______________________

   ____

   e. Offerta principale Componente SECONDARIA n. 4 *(diversa dall'offerta principale sopra)*: _______________________

   ____

Offerta di prodotto/servizio di livello superiore a rotazione

Vuoi semplicemente rinnovarlo?

Giugno 2014.

Avevo lanciato un'offerta di successo chiamata "Riconquista i tuoi soldi" nella mia palestra, ma avevo difficoltà a causa della mancanza di entrate ricorrenti, poiché i vincitori spesso se ne andavano dopo i mesi gratuiti. Il mio amico Justin sembrava ottenere risultati molto migliori con un'offerta simile, quindi sono andato a trovarlo per capire come faceva. La differenza fondamentale era che Justin "trasferiva" le vincite in un abbonamento annuale, offrendo ai vincitori uno sconto di 50 $ al mese per un anno invece di un rimborso forfettario o un credito forfettario. Questo approccio garantiva entrate ricorrenti immediate e una maggiore fidelizzazione dei clienti, rivelando l'anello mancante nel mio modello di guadagno e risolvendo il mio problema di flusso di cassa.

Descrizione

I rollover upsell accreditano una parte o la totalità degli acquisti precedenti di un cliente sulla tua offerta successiva. E questo, secondo la mia esperienza, convince *molte più* persone ad accettarla. Quindi, una volta che so quanto credito dare, capisco tre cose: a *chi* fare l'upsell, *cosa* vendere e *come* trasferire il credito.

<u>Per *chi*</u>, utilizzo gli upsell con rollover in quattro situazioni:

Primo, per coinvolgere nuovamente i clienti che se ne sono andati da tempo.

Secondo, per recuperare i clienti scontenti come alternativa migliore al rimborso.

Terzo, per "salvare" i clienti scontenti *di altre persone*.

Quarto, per fare upselling ai clienti abituali.

<u>Per quanto riguarda il *cosa*</u>. Ricorda, puoi vendere *di più di quello che hanno appena acquistato, qualcosa di meglio* o *qualcosa di nuovo e diverso*. Per guadagnare: trasferisci il loro credito su qualcosa di più costoso.

<u>Per il *come*</u>, puoi applicare tutto o parte dello sconto in anticipo o distribuirlo nel tempo.

Esempi di upsell con trasferimento del credito

Chiropratico: *coinvolgi nuovamente i vecchi pazienti con una campagna di "riconquista"*

<u>Chi</u>: clienti che non acquistano da sei mesi <u>Cosa</u>: nuovo piano <u>Come</u>: in anticipo

Contatta i tuoi vecchi pazienti. Guarda la loro cronologia degli acquisti. Offri loro di applicare una parte o la totalità dei loro acquisti passati a qualcosa di più costoso di quello che hanno comprato.

Esempio: *"Salve signora Banks, volevo restituirle i suoi soldi, ha un minuto? Ottimo, sì. Volevo sapere come va il suo mal di schiena? Oh, mi dispiace. Beh, ho una buona notizia. Per ringraziarla, vorrei restituirle 500 $ come credito per aiutarla a liberarsi definitivamente del dolore. Le interessa? Ottimo... veniamo a lei..."*

Dentista: *riconquista i tuoi clienti scontenti con il rollover upsell*

<u>Chi</u>: Cliente insoddisfatto <u>Cosa</u>: Sbiancamento dentale <u>Come</u>: Credito iniziale di 200 $.

La persona paga 200 $ per la pulizia dei denti, ma non ritiene che i suoi denti siano diventati più bianchi. Le spieghiamo che ha bisogno di qualcosa in più per ottenere risultati migliori e le proponiamo un pacchetto di sbiancamento dentale che include più sedute, un kit da usare a casa e più pulizie profonde. Le offriamo di accreditare i 200 $ che ha pagato per la pulizia sul pacchetto di sbiancamento.

Software: *Recuperare (*Ehm* Rubare) i clienti scontenti di altre persone*

<u>Chi</u>: Clienti della concorrenza <u>Cosa</u>: Contratto di servizio <u>Come</u>: Trasferisci il costo per rescindere il vecchio contratto.

Trovi i clienti scontenti dei concorrenti e accrediti i loro vecchi acquisti presso di loro su un nuovo acquisto presso di te. Trasferisci l'importo che devono loro come credito su un contratto più lungo con te.

Esempio: *"Ciao John, ho visto la tua recensione negativa sul loro prodotto e mi ha davvero infastidito. Per rimediare, ti accrediterò tutti i pagamenti che hai ancora con loro per passare al nostro prodotto. In questo modo, non perdi nulla e inizi subito a godere dei vantaggi. Ti sembra giusto?"*

Abbonamento: *distribuisci il primo acquisto su un periodo di tempo*

<u>Chi</u>: clienti attuali <u>Cosa</u>: abbonamento di 12 mesi <u>Come</u>: distribuisci il primo acquisto.

Qualcuno compra un piccolo pacchetto di servizi o un abbonamento di breve durata. Non appena lo fa, puoi offrirgli di applicare l'intero importo a un periodo più lungo, ad esempio 12 mesi. Posso fare l'upsell di rollover in qualsiasi momento, ma preferisco farlo subito. Quando lo fai, prendi il costo del primo acquisto e lo applichi come sconto su un contratto più lungo. Ad esempio, un primo acquisto di 600 $ dà diritto a uno sconto di rollover di 50 $ al mese per 12 mesi.

Note importanti.

Usa le offerte di rollover per attirare nuovi clienti. Per esempio, puoi trasferire una parte o tutto quello che i clienti hanno pagato a un'altra azienda *verso la tua attività*. Puoi trovare potenziali clienti per questo raccogliendo le informazioni di contatto dalle recensioni negative sui prodotti ovunque le trovi.

***Prima* di rimborsare, prova a vendere qualcosa di più**. Se hai fatto un pasticcio (ehi, può succedere), prova a rifare tutto da capo. E se vogliono qualcosa di diverso, prova a vendere loro quello invece.

I clienti di prima sono ancora clienti. Prova a vendere loro qualcosa in più. Contatta i vecchi clienti (che non comprano da più di 6 mesi). Guarda quanto hanno pagato prima. Decidi quanto sei disposto a trasformare in credito. Offrilo. Io le chiamo "campagne di riconquista".

Rendi più urgenti le offerte di rollover. Fallo diventare un'occasione unica. Opzionale: fai in modo che il momento in cui presenti l'offerta sia anche quello in cui deve essere accettata. *Non possono pensarci su.* Quindi, se vogliono il credito, devono prenderlo *subito*. Altrimenti, non è un problema. Possono comunque pagare il prezzo pieno in un secondo momento.

Come stabilire il prezzo del tuo upsell di rollover. Per guadagnare con un'offerta scontata, devi avere un profitto dopo lo sconto. Dato che preferisco realizzare un profitto, cerco di fare un'offerta di upsell almeno quattro volte superiore al loro credito di rollover. Quindi, anche se applico l'intero importo del primo acquisto, lo sconto è al massimo del 25%. Ricorda, valgono le regole dello sconto. Sconti più grandi ti fanno guadagnare meno per ogni vendita, ma ti fanno vendere di più.

Non devi accreditare tutto il primo acquisto. Puoi trasferire quanto vuoi del primo acquisto. Io trasferisco l'importo che penso possa spingerli a comprare la prossima cosa. Fai delle prove per trovare il punto giusto.

La mia "famosa" strategia con le carte regalo. Puoi usare il rollover upsell come offerta di richiamo per i clienti nuovi *e* quelli attuali pubblicizzando carte regalo con uno sconto del 90% o più. Esempio: carte regalo da 200 $ a 20 $. Limitale a due per cliente e specifica *che possono essere utilizzate solo da altre persone.* I clienti le acquistano come regali e le danno ai loro amici. Questa è un'ottima offerta per le festività.

Quando i clienti comprano la carta regalo, chiedi loro a chi vogliono intestarla e se ti presenteranno. Poi, quando il loro amico viene da te, usa il valore della carta regalo per un'offerta più grande. Fai in modo che il *valore* della carta regalo sia il 20% del prezzo di quello che vuoi vendere dopo. Nel nostro esempio, vendiamo una carta regalo da 200 $ per 20 $. Poi, applica quel valore di 200 $ a un'offerta con un prezzo minimo di 1000 $. Le persone ti pagano per presentare i loro amici. È davvero fantastico. Inoltre, ottieni qualche spicciolo dalle carte regalo inutilizzate.

Esercizio n. 14: crea il tuo rollover upsell

Scegli un prodotto o un servizio che il tuo cliente ha comprato di recente. Ora pensa a come accreditarlo per un'offerta più costosa la prossima volta.

Acquisto precedente: _______________________________________

Importo del credito rollover: _________________________________

Prossima offerta (migliore, più grande o nuova - *punta a un prezzo 4 volte superiore a quello sopra*): ______________________________

____

Come applicherai il credito (in anticipo o distribuito): _____________

____

Indica a chi lo offrirai per primo: Indica quali

    a. Campagna "riconquista" dei clienti passati

    b. Clienti attuali

    c. Clienti della concorrenza Campagna "Conquistali"

    d. Nuovi clienti

OMAGGIO: Formazione sul rollover upsell

Questo è l'upsell che uso più spesso. Ha un tocco di eleganza e urgenza + buona volontà. Ho fatto un video per te che spiega un po' lo script, così puoi vedere come lo faccio. È gratis. Non serve iscriversi. Guardalo su acquisition.com/training/money. Ho messo un codice QR per un accesso facile e veloce.

Offerta di prodotto/servizio
di livello superiore - Conclusione

Risolvi i problemi delle persone ricche, pagano meglio.

Ogni volta che offri qualcosa *in più*, stai facendo un upsell. Gli upsell sono fondamentali nei modelli di guadagno perché ti permettono di ottenere più soldi dai clienti *più velocemente* di quanto faresti altrimenti. E se la tua offerta di attrazione copre già i costi per acquisire clienti e fornire il servizio, *avere più soldi non è male.*

Ti ho mostrato i quattro upsell più potenti che uso: l'upsell classico, gli upsell da menu, gli upsell da ancoraggio e gli upsell da rollover. Sono fondamentali per il successo della mia attività. Gli upsell cambiano tutto. Molte aziende passano dal bruciare denaro al guadagnarlo, *dall'oggi al domani.*

Ma a volte *le persone dicono di no*. Questo ci porta alla componente successiva di un modello di guadagno da 100 milioni di $: le offerte di downsell, ovvero *cosa fare quando dicono di no...*

Esercizio n. 15: scegli il tuo upsell

1. Scegli l'offerta di upsell con cui inizierai (*seleziona una casella qui sotto*):

    a. L'upsell classico ( )

    b. Upsell da menu ( )

    c. Upsell di ancoraggio ( )

    d. Rollover upsell ( )

2. Dai un'occhiata alle risposte degli esercizi di questo capitolo e inizia con l'upselling.

SEZIONE IV:
OFFERTE DI DOWNSELL

Cosa proporre quando ti dicono di no.

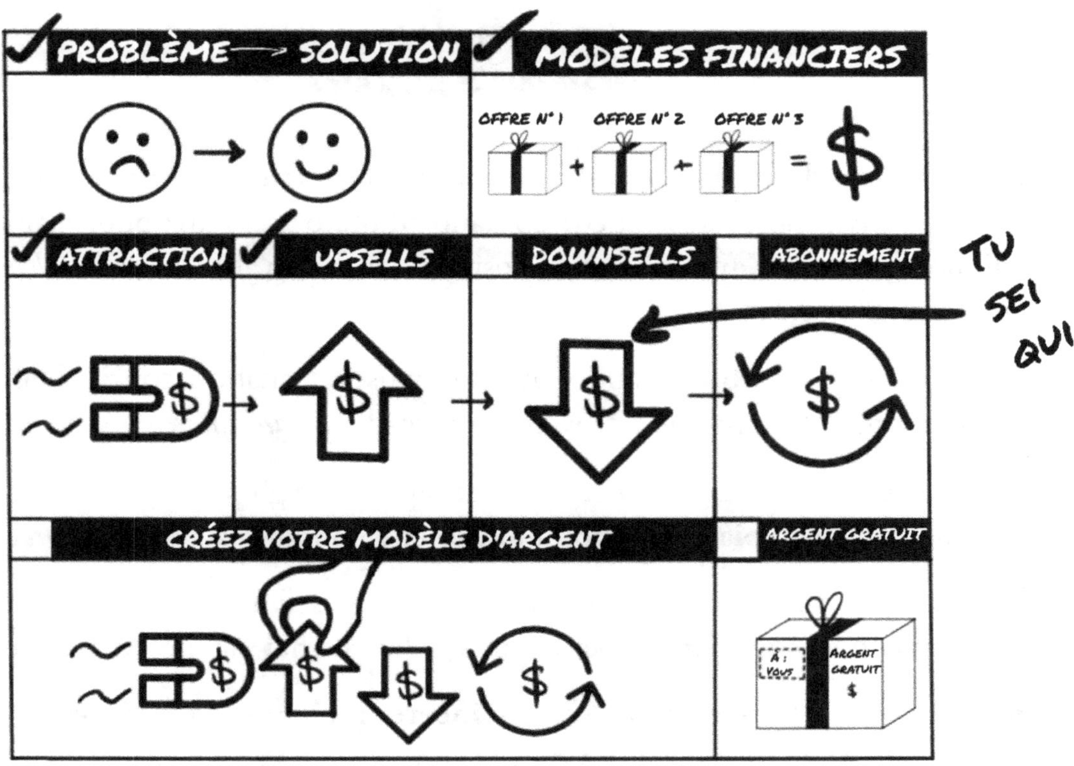

Nell'ultima sezione abbiamo usato le offerte di upsell per convincere le persone a comprare di più. Se abbiamo fatto un buon lavoro, abbiamo anche guadagnato qualcosa. Un altro passo avanti (o anche di più!). Fantastico... ma se dicono di no? → *Passiamo al downsell.*

Il downsell modifica l'offerta originale per trovare la soluzione più conveniente *per il budget del cliente.* Quindi, qualsiasi offerta che fai dopo che qualcuno ha detto "no" è un downsell.

Io faccio il downsell in due modi. Cambio <u>come pagano</u> o *cosa ottengono.* Per quanto riguarda il pagamento, cerco un equilibrio tra quanto pagano ora e quanto pagheranno nel tempo. Per quanto riguarda ciò che ottengono, cambio la quantità, la qualità o offro qualcosa di diverso.

Per prima cosa, vediamo le mie regole del *downselling, che si applicano a tutti i miei processi di downselling.* Poi, quando ci immergeremo nelle singole offerte, potrai partire in quarta e fare downselling come un professionista.

Le regole del downselling

Ricorda, hanno detto no a *questa* offerta, non *a tutte* le offerte. Solo perché hanno rifiutato *questa offerta* non significa che abbiano rifiutato *te*. È un'opportunità per scoprire cosa vogliono davvero. Mantieni la tua posizione e fai un'altra offerta. *No significa no a questa cosa, non no a tutto.*

I downsell sono scambi. Quando fai un downsell, collabori con il cliente per trovare combinazioni di dare e avere fino a trovare un accordo. *Se dai qualcosa, ottieni qualcosa.*

Personalizza, non fare pressione. Cerca di capire cosa gli piace e cosa non gli piace. Poi, offri più di quello che gli piace e meno di quello che non gli piace, *con un prezzo adeguato.*

Offri le stesse cose in modi nuovi. Limita il downsell a quello che hai. Quindi pensa al downsell più come a cento modi per offrire quello che hai già, non a 100 nuovi prodotti.

Non abbassare il prezzo solo per convincere qualcuno ad comprare. Innanzitutto, abbassare il prezzo non è realmente un downselling, è uno sconto. D'altra parte, *puoi* offrire loro di pagare meno *ora* e più soldi nel tempo, con un piano di pagamento.

Prossimo passo...

Io uso tre processi di downsell semplici e super efficaci:

- Downselling dei piani di pagamento (*come pagano*)

- Prova con penalità (*come pagano*)

- *Funzionalità Downsells* (*cosa ottengono*)

Questi processi di downsell aumentano ancora di più i profitti su 30 giorni. Lo fanno aumentando le vendite anche quando i clienti avrebbero detto di no. E li adoro perché, con solo un paio di modifiche, puoi adattarli alla tua attività e raccogliere i frutti già da oggi.

Piano di pagamento Downsell

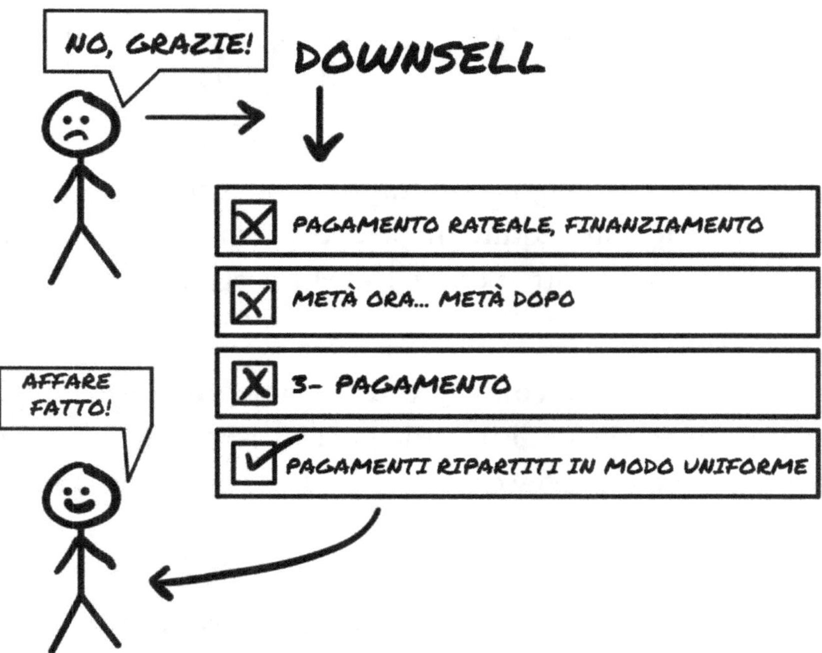

Agosto 2013.

Nel mio primo mese di attività, con solo un mese di affitto rimasto nei risparmi, avevo un disperato bisogno di fare vendite per mantenere a galla la mia palestra. Quando una potenziale cliente ha detto che non poteva permettersi il mio programma, invece di arrendermi, le ho offerto varie opzioni di pagamento. Alla fine, abbiamo concordato un pagamento completo il giorno della sua busta paga, che era proprio prima della scadenza del mio affitto. Due settimane dopo, ho addebitato con successo la sua carta, segnando il mio primo piano di pagamento riuscito e mantenendo in vita la mia attività.

***

I piani di pagamento sono un azzardo perché possono far guadagnare in un modo, *ma possono far perdere in due*. Ti fanno guadagnare di più quando ottieni più clienti e questi completano i loro pagamenti. Ti fanno guadagnare di meno quando le persone annullano prima che tu realizzi un profitto. Perdi di più quando le persone che avrebbero pagato per intero scelgono un piano di pagamento e annullano in anticipo.

Questo capitolo ti aiuta a massimizzare i guadagni derivanti dai piani di pagamento e a minimizzare le perdite.

Descrizione

Quando la maggior parte delle persone pensa al "downselling", pensa a un importo inferiore, a una qualità inferiore, a un prezzo più basso e così via. Ma a me piace fare downsell offrendo di nuovo lo stesso prodotto. Invece di offrire qualcosa di diverso, distribuisco il costo addebitandone una parte in anticipo e inserendo il resto in pagamenti programmati. Lo chiamo "downselling con piano di pagamento". Vediamo come funziona.

Molte persone rifiutano le offerte perché "costano troppo". Tuttavia, nella *maggior* parte dei casi "costa troppo" *significa in realtà* "costa troppo <u>*in anticipo*</u>". Quindi, i piani di pagamento attirano più acquirenti perché i clienti pagano meno sul momento. Ma aumentano anche i tuoi profitti perché i clienti pagano comunque il prezzo pieno nel tempo.

Il mio processo di downselling con piano di pagamento prevede fino a sette passaggi. Il processo passa dal ricevere più soldi in anticipo a riceverne di più nel tempo. Mi fermo quando comprano. Ecco il mio processo.

Esempio di processo di downsell del piano di pagamento

Passo 1) Premiare il pagamento completo piuttosto che penalizzare il pagamento rateale. Se mi prendo il rischio di un piano di pagamento rateale, alzo il prezzo. Di solito le aziende lo fanno aggiungendo gli interessi, ma nessuno ama pagare gli interessi. Quindi, io offro uno <u>sconto</u> *se pagano tutto subito*.

Passo 2) Offrire opzioni di finanziamento tramite terzi, carta di credito e pagamento rateale.

<u>Finanziamento da parte di terzi</u>: questo vuol dire che un'altra azienda mi paga subito e il cliente ha un piano di pagamento *con quell'altra azienda*.

<u>Carta di credito</u>: basta chiedere "preferisci che sia io a decidere i termini di pagamento o vuoi decidere tu?". Loro dicono che preferiscono decidere. Quando lo fanno, dico loro di usare una carta di credito. In questo modo io vengo pagato oggi e loro possono pagare la società della carta di credito nel tempo. Ho imparato questo nuovo approccio da un maestro di vendita e sono rimasto sorpreso di quanto funzioni bene.

<u>Pagamento rateale</u>: il pagamento rateale significa pagare il prodotto *prima* di riceverlo. I clienti possono pagare in tutte le rate che vogliono. Possono prendersi tutto il tempo che vogliono per pagare. Ma ricevono il prodotto solo *dopo aver pagato tutto*. Questa è *di gran lunga* l'opzione più flessibile per loro e quella con il minor rischio per noi.

Se rifiutano queste opzioni, passo alla fase 3.

Passo 3) Proponi "Metà adesso, metà dopo". Comincio chiedendo *"Quando riceverai il prossimo stipendio?".* Poi chiedo *"Vuoi versare metà oggi e il resto quando riceverai lo stipendio?".* Se non possono farlo, chiedo *"Qual è l'importo massimo che puoi versare oggi?".* Quando mi propongono un importo, dico *"Ottimo. Versiamo quella parte oggi e il resto quando riceverai lo stipendio. Ti sta bene?"* Mi piace programmare i pagamenti in base agli stipendi, dato che la maggior parte delle persone viene pagata ogni due settimane. Questo aumenta i profitti mensili di 30 giorni molto più dei pagamenti mensili.

Se non possono farlo... mi fermo un attimo per assicurarmi che lo vogliano davvero.

Passo 4) Controlla se vogliono ancora la cosa. Potrei dire qualcosa del tipo*: "Capito. Quindi al momento sei a corto di soldi. Una domanda veloce. Voglio esserne sicuro. Su una scala da 1 a 10, quanto desideri farlo?"* Se dicono 8 o più, continua a proporre piani di pagamento e di' *"Fantastico. Non preoccuparti. Troveremo un modo per farlo".* Se rispondono 7 o meno, chiedi *"Perché non 10?"* e poi dì qualcosa del tipo *"Hai ragione. Penso che potremmo avere qualcosa di più adatto a te".*Quindi vendi loro qualcosa di diverso (Funzionalità/ caratteristiche Downsells - un po' più avanti).

Passo 5) Proponi di dividere il pagamento in tre rate. Se hanno detto 8-10 sulla scala, faccio un downsell da metà a un terzo. Offro un'opzione di pagamento in tre rate: ⅓ ora e ⅓ sui prossimi due stipendi - *oppure* - ⅓ ora e ⅓ nei prossimi due mesi.

Passo 6) Offri pagamenti distribuiti in modo uniforme. Se ancora non riescono a farcela, distribuisco i pagamenti in modo uniforme per il resto del servizio. Se questo crea ancora problemi, passo al passaggio 7.

Passo 7) Offri una prova gratuita. Offro prove gratuite in modo speciale. Quindi, ho dedicato il prossimo capitolo a questo argomento. Ma la vendita finisce qui. Almeno per ora.

Questo processo di downsell del piano di pagamento prevede fino a *nove* offerte. E se pensi che sembri una follia, probabilmente stai guadagnando molto meno e servendo molti meno clienti di quanto potresti.

Note importanti

Riduci il numero di pagamenti rifiutati. Allinea i piani di pagamento con le date di pagamento degli stipendi. Se addebiti i pagamenti nei giorni in cui le persone ricevono lo stipendio, avranno maggiori possibilità di pagare.

Come assicurarti che i piani di pagamento ti facciano guadagnare. Dopo aver implementato i piani di pagamento, il tuo tasso di chiusura dovrebbe aumentare. Ma se il numero di pagamenti completi diminuisce, hai appena inserito nei piani di pagamento persone che avrebbero pagato per intero! Quindi, *vuoi chiudere più appuntamenti in generale, ma con la stessa percentuale di appuntamenti pagati per intero.*

Esercizio n. 16: crea la tua scala di piani di pagamento

Elenca il prezzo totale della tua offerta principale. Poi, scrivi tre opzioni di piani di pagamento che potresti usare.

Prezzo totale: $ _______________________

Opzione 1 – Metà ora, metà dopo: _________________________________

____

Opzione 2 – Tre pagamenti: _______________________________________

____

Opzione 3 – Piano di pagamento rateale (durata + importo): _____________

____

Prova con penale

Se fai X, Y, Z, ti lascerò iniziare gratuitamente.

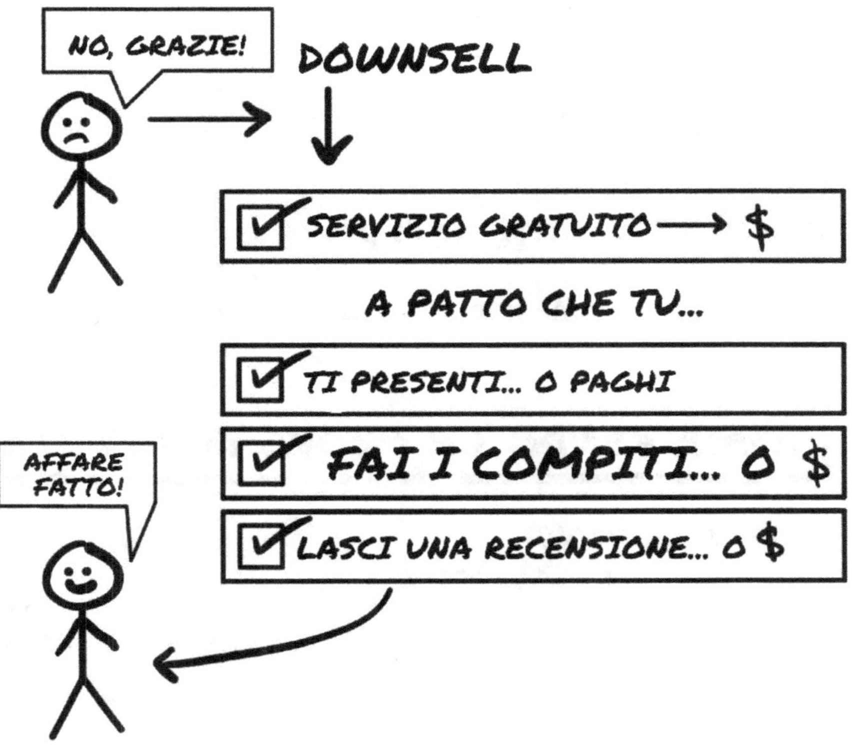

Primavera 2018.

Gym Launch stava crescendo velocemente. Leila aveva bisogno di soluzioni migliori per le risorse umane e ha trovato un'azienda con un'offerta interessante. L'azienda offriva l'onboarding gratis se Leila completava la loro formazione, ma avrebbe addebitato un costo *se lei avesse saltato la formazione*. Questa strategia ha costretto Leila a imparare il loro software complicato. Alla fine ha deciso di continuare a usarlo perché non voleva imparare a usarne un altro.

Descrizione

In un'offerta di prova con penalità, i clienti possono provare il tuo prodotto o servizio gratis *purché rispettino i tuoi termini*. Idealmente, i termini dovrebbero essere cose che rendono i clienti eccellenti. Quindi, rispecchieranno le azioni e i risultati utilizzati nella tua offerta "Riconquista i tuoi soldi". Ma questa volta, usiamo *l'evitare le commissioni* (piuttosto che riconquistare i soldi) per incentivare l'adesione.

Per fare un downsell con prova a pagamento, devi pensare a cosa devono fare per evitare la commissione e come addebitarla. Di solito, una parte delle persone compra la tua offerta principale. Quindi, offri prima quella. E il resto lo otterrai con questo downsell.

Se hai solo un'offerta, perdi tutti quelli che dicono di no. Offrire prove con una penalità dà alle persone un'altra possibilità di dire di sì.

Come ridurre il prezzo della versione di prova

Ecco un grafico che mostra come faccio un downsell di una prova con una penalità in cinque passaggi.

Offri la prova per ultima. Se qualcuno dice chiaramente che non vuole la tua prima offerta, allora fai un downsell della versione di prova con una penale.

Chiedi sempre una carta di credito. Prendi nota delle loro informazioni, conserva il documento d'identità e chiedi la carta di credito dicendo: *"Quale carta vuoi usare?"*. Devono lasciare una carta. Se si oppongono, rispondi semplicemente: *"È così che abbiamo sempre fatto"*.

Vendi sempre la permanenza e il pagamento. Chiedi <u>direttamente</u>: *"Se questo programma ti dà i risultati sperati, rimarrai a lungo termine?"* Vuoi che accettino di rimanere a lungo termine se ottieni risultati. Se dicono di no, non ha senso offrire loro una prova. Una volta che accettano, vai avanti.

Spiega le tariffe *dopo* aver preso la loro carta. Io dico qualcosa del tipo: *"Noi faremo la nostra parte, <u>purché tu faccia la tua</u>. È giusto, no? Quindi ora ti chiedo solo di scommettere su te stesso: se salti o tralasci qualcosa, i tuoi risultati ne risentiranno. Ti addebitiamo un costo per mantenerti in carreggiata. Se salti qualcosa, non è un problema. Ti verrà addebitata una piccola commissione, ma ti rimetterà in carreggiata. Se vai fino in fondo, otterrai tutto questo gratuitamente. Quindi questo è il modo migliore per ottenere risultati straordinari e mantenerli gratuiti per te. Il meglio di entrambi i mondi".*

Nota: se spieghi le commissioni *prima* di ottenere la carta, incontrerai più resistenza. Quindi spiega *dopo* con un atteggiamento *del tipo "è così che abbiamo sempre fatto"*.

Rendi obbligatori i check-in. Per prima cosa, spieghiamo *tutti* i criteri in modo che capiscano i costi e i vantaggi dell'adesione. Poi, attiriamo l'attenzione sui check-in (le nostre opportunità di upsell).

Come faccio l'upselling dopo una prova. Quando qualcuno fa una prova, possono succedere tre cose: gli piace, non gli piace o non lo usa. Ecco come faccio l'upselling in ciascuno di questi casi.

1) <u>Se gli piace</u>: questo è facile. Hai già impostato la fatturazione automatica. Ottimo! Incontrali comunque. Puoi comunque offrire una versione a più lungo termine o di valore superiore del tuo servizio (o entrambi). I clienti di successo tendono a ottenere ancora più valore dai tuoi prodotti migliori (e più redditizi).

2) <u>Se non gli piace</u>: *ribalta la situazione.* Chiedi loro cosa avrebbero voluto fosse diverso. Di' loro che hanno perfettamente ragione e che sei arrabbiato con te stesso per non averlo capito. *Non dare la colpa a loro.* Solo una persona può essere arrabbiata, e quella persona devi essere tu. Chiedi loro se ti daranno la possibilità di migliorare, visto quanto sei indignato per la loro esperienza. E ora, dato che capisci meglio le loro esigenze, che sono più adatte al tuo prodotto di livello superiore. Poi, offrilo loro. Sì, questa è una vendita. Riesco a convincere circa la metà di queste persone ad acquistare.

3) <u>Se non l'hanno usato</u>. *Contatta le persone più volte prima di arrivare a questo punto.* Spiega che hai bisogno di incontrarle. Offri di rinunciare alla tariffa se lo fanno. Ora puoi provare a riportarle in carreggiata o offrire loro qualcosa di meglio. Non mi piace fatturare a chi non parte. Una piccola tariffa non vale una recensione a 1 stella. Ma ehi, la scelta è tua.

Cosa ottengono gratuitamente e cosa devono fare per evitare la commissione. Dovrai sapere quali saranno *i tuoi termini di servizio.* Le parti più importanti saranno la tua offerta base (come l'offerta esca) *o* la tua offerta "Rimborsati". Entrambe funzionano. Ti consiglio di dare di più piuttosto che di meno, se te lo puoi permettere. I criteri dovrebbero attivare e fidelizzare i clienti.

Commissioni frazionate contro commissione unica. Supponiamo che tu abbia un prodotto da 500 $ con dieci cose da fare. Preferirei addebitare 50 $ per ogni errore piuttosto che una commissione di 500 $ al primo errore. D'altra parte, se un errore compromette davvero il loro successo, vorrai che la commissione lo rifletta. Ho visto funzionare entrambe le soluzioni.

Lascia che le persone rimedino agli errori. Spesso le persone si scoraggiano dopo aver ricevuto un addebito. Ma puoi offrire loro l'opportunità di "rimediare". Questo è un ottimo modo per riportarle sulla strada giusta e convertirle. Ma se non ci riescono, sei giustificato nell'addebitare loro.

Paga meno ora o paga di più dopo contro Prova con penale. Uso "Paga meno ora o paga di più dopo" come downsell per prodotti fisici o servizi una tantum. E uso "Prova con penalità" come downsell per prodotti o servizi ricorrenti.

Sconti; Ottieni carte di credito dai clienti. Alcune persone si comportano in modo strano quando offri qualcosa di gratuito e chiedi una carta. E se hai un prezzo super basso, è giustificato chiedere la carta. Il prezzo basso significa che la carta probabilmente funzionerà quando inizieranno i pagamenti automatici. Quindi, invece di un mese gratuito, potresti offrire "il primo mese a 1 $" e poi X $ al mese quando si ripete.

Esercizio n. 17: crea la tua prova gratuita con penale

1. Scrivi il prezzo totale/penale se non fanno quello che dovrebbero:

   $ _______________________

2. Scrivi i termini della tua prova:

   a. Azione che devono fare n. 1: _______________________

      i. Prezzo/penale se non lo fanno: $ _______________________

   b. Azione che devono fare n. 2: _______________________

      i. Prezzo/Penale se non lo fanno: $ _______________________

   c. Cosa devono fare n. 3: _______________________

      i. Prezzo/Penale se non lo fanno: $ _______________________

   d. Riunione a cui devono partecipare n. 1: _______________________

      i. Costo/sanzione se non lo fanno: $ _______________________

   e. Riunione a cui devono partecipare n. 2: _______________________

      i. Prezzo/Penale se non ci vanno: $ _______________________

   f. Riunione a cui devono partecipare n. 3: _______________________

      i. Prezzo/Penale in caso di mancata partecipazione: $ _______________________

OMAGGIO: Prova gratuita di formazione

Non tutte le aziende possono offrire prove gratuite. Ma se puoi farlo, è un ottimo modo per aumentare le vendite. Ovviamente ci sono modi giusti e sbagliati per farlo e aziende giuste e sbagliate in cui farlo. Ho fatto un video gratuito per te che copre questo capitolo e tutti i dettagli che ho potuto. Puoi guardarlo su acquisition.com/training/money. Ho messo un codice QR qui sotto per un accesso facile e veloce.

Offerta di prodotto-servizio di livello inferiore: funzionalità

Perché non proviamo invece questo?

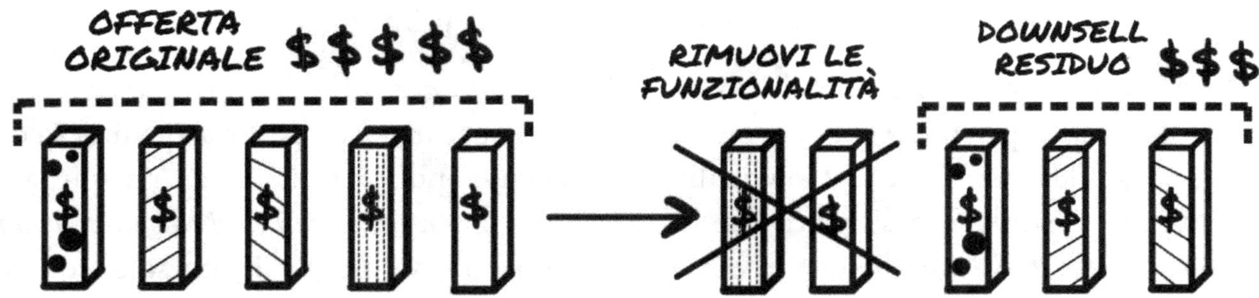

Non ricordo quando nel 2019.

Un mio amico imprenditore mi ha mostrato un nuovo downsell che ha triplicato il suo tasso di chiusura dal 25% al 75%, senza usare piani di pagamento o sconti tradizionali. Ha offerto un prezzo più basso eliminando la garanzia di rimborso che offriva di solito. Quindi, l'ha trattata come una caratteristica che poteva aggiungere o rimuovere con un valore associato. Questo downsell ha aumentato le sue vendite complessive, ma ha anche incrementato i pagamenti completi. Nel momento in cui i clienti hanno capito che avrebbero perso la garanzia, hanno capito che la volevano ancora di più.

I risultati sono stati significativi: su 100 potenziali clienti, 35 ora acquistano il prodotto principale (rispetto ai 25 precedenti) e altri 40 scelgono l'opzione di downsell (senza garanzia).

Descrizione

Il downsell delle funzionalità/caratteristiche abbassa i prezzi cambiando ciò che i clienti ottengono. Lo faccio offrendo quantità inferiori, qualità inferiore, alternative a prezzo inferiore o eliminando componenti opzionali.

Tutte le funzionalità/caratteristiche hanno un prezzo e un valore. Se togli qualcosa, il prezzo scende, certo. Ma anche il valore scende. Le caratteristiche che togli e quanto abbassi il prezzo influiscono sulla convenienza dell'affare per il cliente. Questo cambiamento nel rapporto prezzo-valore della tua offerta influisce sul modo in cui le persone acquistano. Le persone vogliono ottenere *l'affare migliore per loro.*

Ad esempio, se togli qualcosa che non gli piace e abbassi molto il prezzo, ottengono un *affare migliore*. Se togli qualcosa che amano e abbassi leggermente il prezzo, ottengono un *affare peggiore*. Entrambe le opzioni inducono le persone ad acquistare. Nella storia, i clienti amavano la garanzia. *La garanzia aveva un valore molto superiore al suo prezzo.* Quindi, anche se all'inizio hanno detto di no, rimuovendo la garanzia ne è emerso immediatamente il valore. I clienti hanno considerato l'offerta più costosa come un *affare migliore*. Quindi, dopo aver visto l'opzione di downsell, hanno acquistato la prima offerta.

Le persone vedranno il valore di ciò che hai tolto *dopo aver visto la differenza di prezzo*. In altre parole, le persone valutano quanto denaro risparmiano rispetto a quanto valore perdono. Quindi, un Feature Downselling intelligente induce i clienti a "riacquistare" le offerte più costose. Ciò significa che è necessario *rimuovere le caratteristiche dal valore più alto a quello più basso*. Poiché le persone vogliono più valore per i loro soldi, questo incentiva i clienti a fare l'acquisto di <u>maggior valore</u> per loro.

Il feature downsell ha una formula semplice: togli qualcosa, abbassa il prezzo e, in poche parole, chiedi "Che ne dici adesso?".

Esempi di funzionalità downsell

<u>**Ridurre la quantità di prodotti e servizi.**</u> Pensa alle versioni precedenti, ai materiali meno affidabili, ai materiali di status sociale inferiore, ecc.

<u>Riduzione della qualità del prodotto</u>: *invece dei sedili in pelle possiamo usare quelli in vinile, che ne pensi?*

<u>**Abbassare la qualità del servizio.**</u> Questo può significare un sacco di cose. Ti darò alcuni esempi di come posso cambiare la qualità dei servizi. Suggerimento: questo funziona anche per *migliorare* la qualità del servizio.

<u>Riduzione della qualità del servizio</u>: *invece di tempi di risposta di 5 minuti, perché non inizi con tempi di risposta notturni? Risparmierai un po' di soldi e otterrai comunque le tue risposte, solo con un piccolo ritardo.*

<u>Altre caratteristiche della qualità del servizio:</u>

- <u>Disponibilità oraria</u>: orari specifici contro quando vuoi tu

  - Giorni della settimana: lunedì/mercoledì/venerdì o tutti i giorni

  - Orari della giornata: dalle 9 alle 17 o 24 ore su 24

- - Durata: chiamate di assistenza di 15 minuti contro chiamate di assistenza di 60 minuti

- <u>Disponibilità della sede</u>: questa sede contro tutte le sedi di nostra proprietà

- <u>Cancellazioni</u>: costi di riprogrammazione contro gratis

- <u>Velocità di risposta</u>: risposta in minuti contro ore contro giorni ecc.

- <u>Velocità di consegna</u>: in coda contro prioritaria, stesso giorno/giorno successivo contro settimana successiva, ecc.

- <u>Rapporto di servizio</u>: uno a uno contro uno a molti contro molti a uno

- <u>Metodo di comunicazione</u>: assistenza tramite messaggi contro assistenza tramite chat contro assistenza tramite videochiamata, ecc.

- <u>Qualifiche del fornitore</u>: proprietario contro dipendente di lunga data contro nuovo dipendente, ecc.

- <u>In diretta contro registrato</u>: guardarlo mentre succede contro guardarlo *dopo* che è successo

- <u>Di persona contro a distanza</u>: guardarlo mentre succede contro guardarlo da qualche altra parte

- <u>Fai da te, fai con te, fai per te</u>. Fai da te contro Fai con te contro Fai per te

- <u>Scadenze</u>: funziona per sempre contro funziona per X tempo contro funziona in momenti specifici

- <u>Personalizzazione</u>: generico contro fatto apposta per te

- <u>Assicurazione/Garanzia</u>:

  - - Durata: per un anno contro a vita

  - - Copertura: succede qualcosa di specifico contro succede qualsiasi cosa

  - - Condizioni: senza condizioni contro solo se fai XYZ

Downselling rimuovendo intere funzionalità. Invece di ridurre la quantità o la qualità, si rimuove la funzionalità/caratteristiche stessa. Nella storia sopra riportata, ha rimosso una garanzia.

Rimuovere l'intera funzionalità Downswell: *invece di assistenza prioritaria tramite chat, e-mail e telefonate, perché non mantenere solo l'assistenza tramite chat ed e-mail ed eliminare le telefonate per farti risparmiare un po' di soldi? Continuerai a ricevere le tue risposte, ma noi risparmieremo tempo e potremo trasferire questi risparmi a te.*

Downselling delle funzionalità: da "fatto per te" a "fai da te". Se qualcuno rifiuta tutti i tuoi downselling di servizi, puoi proporre il downsell di un altro prodotto che risolve lo stesso problema.

Downselling di prodotti da "fatto per te" a "fai da te":

- Chiropratico: *invece di fare trattamenti chiropratici, che ne dici di iniziare con alcuni strumenti che puoi usare per farlo da solo a casa?* Poi, potresti vendere strumenti per massaggi a casa, rulli di schiuma, tappetini, ecc.

- Imbianchino: *se non puoi permetterti che io dipinga la tua casa, perché non ti do semplicemente la vernice e ti lascio noleggiare una delle nostre macchine a spruzzo a una tariffa giornaliera?*

- Alex Hormozi: *Invece di acquistare la tua azienda e far crescere attivamente la tua attività, perché non partecipi a un workshop?* (*Ehm* Vai su acquisition.com)

Note importanti

Ricorda, non negoziare mai il prezzo. Non lasciare che nessuno paghi meno *solo perché sì.*

Resta una guida utile. Ricorda, il feature downselling significa cercare di trovare *l'affare migliore per loro.*

Modifica il tuo processo di downselling delle funzionalità. Il nostro compito è quello di far sì che il prodotto abbia il miglior rapporto qualità-prezzo *agli occhi del cliente.* Ma all'inizio non saprai molto sulle preferenze dei tuoi clienti. Quindi, man mano che risolvi gli stessi problemi per lo stesso tipo di clienti, imparerai cosa trovano più prezioso.

Come standardizzo il mio processo di downsell. Per prima cosa, elimino qualcosa di prezioso e abbasso *leggermente* il prezzo. Lo faccio per indurli a riconsiderare l'offerta/il prezzo originale. Se questo non funziona, continuo a rimuovere funzionalità/caratteristiche e ad abbassare i prezzi fino a quando non acquistano. Preferisco che le persone ottengano *qualcosa* piuttosto che niente.

Dai un nome alle tue combinazioni di funzionalità. Dai alla combinazione più costosa un nome che il tuo cliente troverebbe ambizioso, come "Il pacchetto balena", "La trasformazione totale", "High Roller", ecc. Guarda le compagnie aeree. Crea la tua versione di Prima classe → Business class → Economy.

Io chiamo la mia combinazione più economica "Il minimo". Mi piace perché implica che devono prendere *almeno* quella cosa. Se qualcuno rifiuta tutti gli altri pacchetti, dico semplicemente "Quindi niente di più del pacchetto minimo?" Per fargli dire no per dire sì (come nel Classic Upsell).

Dopo ogni downselling, chiedi "Affare fatto?" o "Va bene così?". Funziona *incredibilmente* bene. Poche persone vedranno che hai cambiato l'offerta per loro e diranno "No, non è giusto». Ascolta come presento i Feature Downsells nell›episodio 202 del mio podcast The Game, «Come chiudere tutti i downsell come un professionista».

Gli orientamenti gratuiti aumentano le vendite dei prodotti fai-da-te. Una volta che qualcuno ha rifiutato tutte le mie offerte "Apposta per te", chiedo: *"Anche se non lavoreremo insieme su X, voglio comunque aiutarti. Che ne dici di venire domani a un orientamento gratuito su X?"* Alla fine dell'orientamento, offro un prodotto fai-da-te che risolve lo stesso problema del servizio Apposta Per Te.

Riduci il prezzo delle tue garanzie. Se hai già una garanzia, rendine la rimozione parte del tuo processo di Feature Downsell. Le persone apprezzano la sicurezza, quindi rimuoverla fa capire a molti il suo valore. Questo spesso trasforma un iniziale "no" in un "sì".

Funzionalità Downsell <u>Clienti attuali</u>. I clienti che usano tutte le funzionalità/ caratteristiche per cui pagano continuano a pagare più a lungo rispetto a quelli che non lo fanno. Quindi, quando vedi che un cliente non sta usando una funzionalità/caratteristiche, offrigli un prezzo più basso, pagando solo per le funzionalità/caratteristiche che usa. O ti dirà che vuole mantenerla e potrebbe ricominciare a usarla, oppure sarà felice che gli hai offerto un *prezzo migliore*.

Fai scambio con recensioni, testimonianze e segnalazioni. Il baratto è la forma più antica di scambio. Se ricevo un'obiezione sul prezzo, a volte offro sconti in cambio di pubblicità. Esempio: *"Ti faccio uno sconto di 100 $ se: 1) mi lasci una recensione su tutti i siti di recensioni 2) mi lasci una testimonianza video 3) pubblichi un post sui social all'inizio, a metà e alla fine del nostro programma mostrando i tuoi progressi 4) mi presenti due amici con cui vorresti fare questa esperienza. Affare fatto?"* Per me, la pubblicità vale più dello sconto di 100 $. Per loro, i 100 $ valgono meno della pubblicità. Una situazione vantaggiosa per tutti.

Esercizio n. 18: crea le tue vendite aggiuntive

1. Feature Downsell n. 1 (cosa di valore che vogliono):

   ____

   a. Sconto applicato (piccolo): $ _______________________

2. Caratteristica Downsell n. 2 (cosa che desiderano *meno*):

   ____

   a. Sconto applicato (medio): $ _______________________

3. Funzionalità/caratteristiche in meno n. 3 (cosa che *non* serve *tanto*):

   ____

   a. Sconto applicato (medio): $ _______________________

4. Funzionalità/caratteristiche in meno n. 4 (cosa che vogliono *di meno*):

   ____

   a. Sconto applicato (grande): $ _______________________

OMAGGIO: Formazione sul downsell [senza registrazione]

Capire le caratteristiche dei servizi e dei prodotti ti dà un grande vantaggio. Può aiutarti a rendere i tuoi prodotti super redditizi rimanendo attraenti per il cliente. Questo è uno dei miei argomenti preferiti e ho creato per te un corso di formazione aggiuntivo che lo tratta. Puoi guardarlo, come sempre, su acquisition.com/training/money. Ho messo un codice QR qui sotto per un accesso facile e veloce.

Offerta di prodotto/servizio
di livello inferiore – Conclusione

Tutti comprano qualcosa.

I downsell ti danno un'altra possibilità di conquistare un cliente trasformando *i no* in *sì*. Per questo motivo, non si tratta tanto di avere cento prodotti diversi con la stessa offerta, quanto piuttosto di <u>avere cento offerte diverse per lo stesso prodotto</u>. Ma, in ogni caso, l'offerta *non è mai la stessa cosa a un prezzo inferiore*. Continuiamo semplicemente a modificare l'offerta fino a renderla *la migliore per loro*. Il denaro extra fa esplodere i nostri profitti mensili e ci fa superare i nostri obiettivi.

Quindi abbiamo usato le offerte di attrazione per convincere i clienti ad *acquistare una volta*. Abbiamo usato gli upsell per convincerli ad acquistare la volta successiva. E ora ti ho mostrato i miei tre processi di downsell più potenti *nel caso in cui dicano di no*: Downsell con piano di pagamento, Prova con penale e Downsell con funzionalità/caratteristiche.

Poi, abbiamo la fase finale di un modello *di guadagno da 100 milioni di $*: le offerte di continuità, ovvero *come far sì che continuino ad acquistare per sempre*.

Esercizio n. 19: scegli la tua offerta di downsell

Scegli le offerte di downsell che inizierai a utilizzare per convincere più persone a dire di sì. Fai riferimento alle risposte dell'esercizio di questa sezione e inizia a utilizzare i tuoi downsell. Seleziona tutti quelli che intendi utilizzare:

    a. Piani di pagamento scontati (   )

    b. Prova con penalità (   )

    c. Downsell di funzionalità/caratteristiche (   )

SEZIONE V:
OFFERTE DI CONTINUITÀ

*Puoi tosare una pecora per tutta la vita, ma puoi scuoiarla
solo una volta. - John, uno dei miei primi mentori*

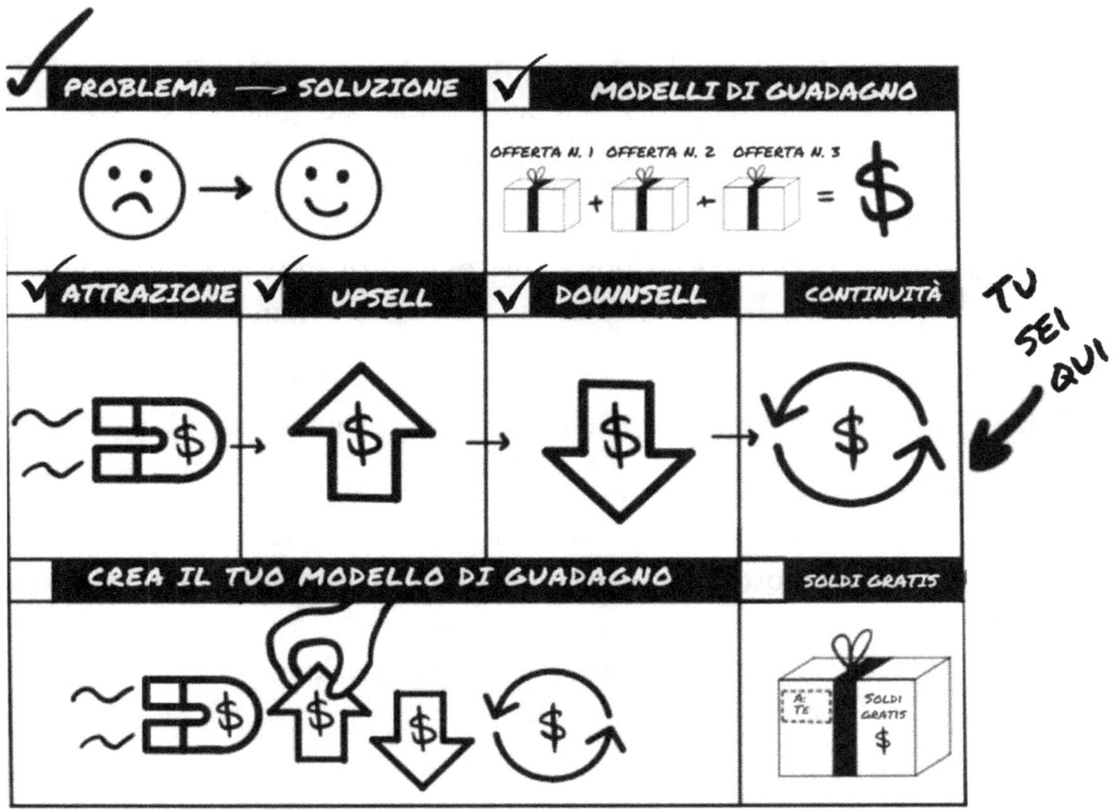

Quando fai bene la continuità, ottieni più clienti *e* guadagni di più da loro. Le offerte di continuità *danno un valore continuo per cui i clienti pagano in modo continuativo, finché non decidono di annullare.* Aumentano il profitto da ogni cliente e ti danno un'ultima cosa da vendere. Le offerte di continuità sono fantastiche perché vendi una volta sola, ma vieni pagato più volte.

Lascia che ti spieghi.

Supponiamo che offri un prodotto da 1000 \$ a 100 persone e 10 lo acquistano: guadagni 10.000 \$ (10 x 1000 \$).

Ora, diciamo che parli con le stesse 100 persone, ma fai pagare il tuo prodotto da 1000 \$... 50 \$ al mese invece. A 50 \$, possiamo convincere 40 persone su 100 ad acquistare. E, se mantieni quelle persone per venti mesi, *guadagni comunque 1000 \$ da ogni cliente.*

Passi da guadagnare 10.000 $ ora e 0 $ nel tempo a guadagnare 2000 $ ora e 40.000 $ nel tempo.

Come bonus aggiuntivo, nel primo esempio, se vendessi solo a 10 clienti, avresti solo 10 clienti a cui vendere prodotti più costosi in seguito. Se utilizzassi un'offerta di continuità e vendessi a 40 clienti, avresti quattro volte più clienti a cui vendere prodotti più costosi in seguito. Una differenza enorme.

Questo mostra i pro e i contro della continuità. Puoi attirare più clienti rispetto a qualcosa di più costoso, ma guadagni *molto* meno *adesso*. Questo rende difficile usarla come offerta di attrazione *da sola*. Anche se hai più possibilità di guadagnare domani, le offerte di attrazione di continuità ti lasciano a corto di soldi oggi.

Facendo *durare* le offerte di continuità, otteniamo il meglio da tutti i mondi. Otteniamo denaro oggi dalle offerte di attrazione, dalle offerte di upsell e dalle offerte di downsell. Otteniamo un po' di denaro oggi e un sacco di denaro domani dalle offerte di continuità.

Per essere chiari: puoi fare offerte di continuità dove e come vuoi. Possono attirare nuovi clienti, fare upsell e downsell ai clienti attuali o coinvolgere di nuovo i vecchi clienti.

Inoltre, solo *alcune* cose hanno senso per un'offerta continuativa. È assurdo che qualcuno paghi per un workshop di un giorno... per sempre. Ha senso che paghino fino a quando non coprono il costo, e questo lo rende un piano di pagamento. Allo stesso tempo, probabilmente è un errore offrire un prezzo unico (anche se elevato) per fornire un servizio per sempre. Se i tuoi clienti ottengono un valore continuo, probabilmente ha senso che effettuino pagamenti continui.

Le tre offerte di continuità

Tutte le offerte dipendono dal fatto che i clienti comprino. Ma le offerte di continuità dipendono dal fatto che i clienti continuino a comprare. Io riesco a ottenere entrambe le cose combinando bonus, sconti e commissioni.

- Continuità: offerte bonus

- Continuità: offerte di sconto

- Offerta di esenzione dalle commissioni

Ora che abbiamo chiarito questo punto, non puoi convincere i clienti ad aderire alla tua offerta di continuità a meno che non abbiano iniziato... quindi partiamo da lì.

Offerte bonus di continuità

Se ti piace questo, adorerai quello che ho in serbo per te...

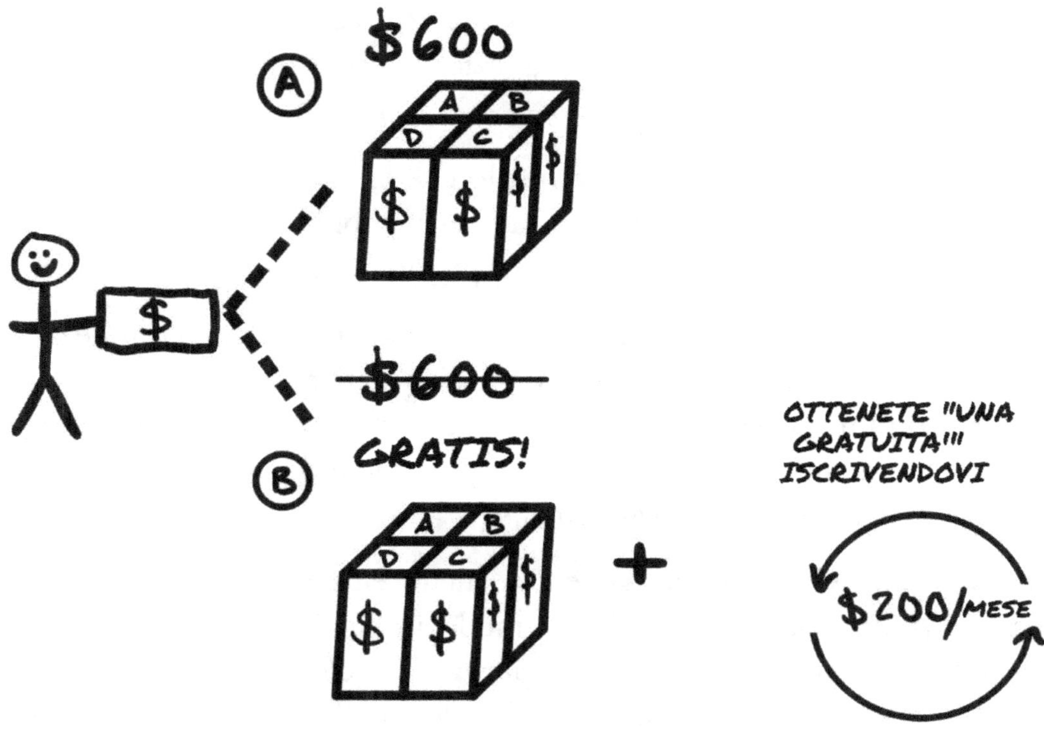

Autunno 2019. Quando ho scoperto che i bonus spingevano più persone a partecipare ai programmi di continuità...

Il proprietario di una palestra è venuto da me vantandosi di numeri incredibili. Aveva modificato la mia offerta standard della sfida di sei settimane "Riconquista i tuoi soldi". Invece di venderla direttamente, l'ha offerta come offerta autonoma e separatamente come omaggio con l'iscrizione. La modifica *ha triplicato* le vendite delle iscrizioni, mantenendo i pagamenti in contanti anticipati, perché alcune persone hanno comunque acquistato l'offerta autonoma.

In seguito, ha trovato un modo per guadagnare ancora di più vendendo ai nuovi iscritti, nelle prime settimane, un abbonamento prepagato di sei mesi a prezzo scontato. Questa modifica intelligente ha trasformato la sua palestra ed è diventata un punto fermo nei miei modelli di guadagno.

Descrizione

Con i bonus di continuità offri al cliente qualcosa di fantastico *se* si iscrive oggi. In genere, il bonus stesso ha un valore maggiore rispetto al primo pagamento di continuità. Tutto qui.

Bonus: aggiungere valore. Per i prodotti, puoi regalare tante piccole cose o un unico prodotto importante che completa l'abbonamento. Per i servizi, puoi regalare un programma definito, l'onboarding, la configurazione o una funzionalità/caratteristica che aggiunge valore.

Sconto: abbassare i costi. Ricorda, tutto quello che offri gratis puoi anche offrirlo come sconto. Le cose gratis e gli sconti influenzano entrambi il modo in cui prendiamo le decisioni. Quindi, vogliamo fare *entrambe le cose* per ottenere i vantaggi di entrambe.

Quando faccio offerte di continuità, riesco a convincere più persone *a iniziare* se aggiungo più cose positive (bonus) ed elimino quelle negative (sconti). E, ovviamente, tutto funziona meglio con un pizzico di urgenza: se si iscrivono *ora*. Inoltre, puoi offrire il bonus come acquisto separato, oppure puoi renderlo disponibile *solo* se acquistano la tua offerta di continuità. Entrambe le soluzioni funzionano.

Da sole, le offerte di continuità generano meno entrate immediate, e questo rende difficile ottenere profitti dai clienti. Ma nel modo in cui le uso, riusciamo comunque a raggiungere i nostri obiettivi di profitto a 30 giorni. Ecco come: prima di tutto, faccio tutte le mie offerte più redditizie di attrazione, upsell e downsell. Poi, le offerte di abbonamento ottengono un po' di soldi dai pagamenti del primo mese. Quindi, offro a chi ha comprato un mese uno sconto sul pagamento anticipato di più mesi. Questo aumenta ulteriormente i profitti a 30 giorni, dandomi più soldi per la pubblicità *e* accumulando entrate ricorrenti. Niente male.

Esempi di come convincere le persone a iniziare con le offerte di continuità

Prodotto fisico: offerta continuativa di cibo per animali domestici

Bonus una tantum: ricevi gratuitamente tutti i giocattoli per cani che abbiamo mai realizzato, del valore di 800 $, quando ti iscrivi alla spedizione mensile di cibo per cani al costo di 59 $ al mese.

Bonus mensili: come membro, riceverai un nuovo giocattolo per cani ogni mese.

<u>Servizio: offerta acceleratore a breve termine</u>

Bonus una tantum: l'acceleratore a breve termine costa 1.000 $. Ricevilo gratis quando diventi membro per 100 $ al mese.

Pacchetto bonus: i membri della community VIP hanno accesso prioritario ai nostri eventi, orari di assistenza più lunghi, rappresentanti dell'assistenza migliori, ecc.

<u>Offerta di prodotti digitali</u>

Bonus una tantum: ricevi tutte le mie ultime 40 newsletter del valore di 15.880 $ diventando membro oggi a soli 399 $ al mese dopo una prova gratuita di 30 giorni.

Sconto a vita + bonus a vita: se paghi oggi, puoi assicurarti uno sconto a vita di 299 $ al mese. Ottieni l'accesso digitale anticipato *e* una copia fisica ogni mese.

Nota: usa gli elementi del capitolo "Funzionalità/carattteristiche Downsell" per creare bonus migliori.

Note importanti

Concentrati sul bonus, non sull'iscrizione. "Iscriviti al mio programma di iscrizione" non è affatto convincente come "ottieni questo prezioso omaggio". Quindi pubblicizza questo. Poi, spiega il resto dopo che hanno mostrato interesse.

I bonus funzionano un po' come gli upsell.

Ancora sullo stesso tema: diventando membro, riceverai gratuitamente due anni di newsletter precedenti.

Complementare: iscrivendoti al nostro abbonamento fitness, riceverai gratuitamente servizi di consulenza nutrizionale.

Upgrade: se compri un abbonamento bronzo, ti danno un abbonamento oro gratis (offerta limitata).

Tieni i tuoi bonus in linea con la tua offerta principale. Se il bonus è troppo diverso, *attirerai i clienti sbagliati.* Per esempio, non pubblicizzare una maglietta gratis per vendere servizi tecnologici. Ma pubblicizzare una maglietta gratis per vendere servizi di stampa su magliette ha senso.

Trasforma in bonus le cose che già fai e possiedi. Per esempio, le newsletter degli ultimi due anni non richiedono tempo extra, ma hanno un valore altissimo. E l'onboarding è qualcosa che devi comunque fare con il cliente, quindi potresti anche dargli un prezzo e offrirlo come bonus. Se tu lo apprezzi, lo apprezzeranno anche loro.

Bonus fisici su prodotti digitali e bonus digitali con prodotti fisici. Se hai un abbonamento digitale, potresti offrire un cappellino, una maglietta o uno strumento, ecc. correlati all'offerta. Se hai un prodotto o un servizio fisico, come un abbonamento a una palestra di boxe, offrire lezioni in diretta streaming può attirare più persone. Questa strategia spesso riduce il costo di acquisizione di un cliente più del costo del bonus.

Puoi offrire bonus gratuiti sotto forma di sconti e sconti sotto forma di bonus gratuiti.

Bonus gratuito: diventa membro per 200 $ e riceverai questo programma da 1.000 $ come bonus gratuito!

Sconto elevato: ottieni il programma da 1.000 $ per 1 $ se diventi membro per 200 $.

Quando fai la tua offerta di continuità, punta sui bonus. Prima di tutto, vendi loro i vantaggi del fantastico bonus. Non la tua offerta di continuità, ma il bonus. Poi, usa il tuo bonus di alto valore come punto di riferimento. Potrebbe stupirli, ma *va bene così*. Perché poi chiedi: "Volete sapere come ottenerlo gratuitamente?" Se lo vogliono, cosa che sicuramente faranno, spiega come: *"Diventa membro VIP oggi e lo riceverai come regalo gratuito per l'iscrizione. Oppure puoi semplicemente acquistarlo per XXX $: cosa preferisci?"*

Più bonus attirano più persone. Dopo aver chiesto loro se vogliono sapere come ottenerlo gratuitamente, di loro che possono ottenerlo quando si iscrivono. Poi dici: *"In più... quando diventerete membri otterrete... cosa fantastica 1, cosa fantastica 2, cosa fantastica 3". Menziona il valore in $ di ciascuna di esse per fissarne il valore.* Accumulare bonus in questo modo attira ancora più persone a iscriversi all'offerta di continuità.

Rendere i bonus disponibili solo a chi si iscrive. Se vuoi che tutti si uniscano al tuo programma di continuità, offri la continuità come unica opzione. In altre parole, rendi i bonus *disponibili solo* se si iscrivono.

Prezzi per continuità contro pagamento anticipato. Per qualche motivo, alcune persone preferiscono i pagamenti una tantum alla continuità... *anche se i pagamenti una tantum sono più alti.* Quindi, offri un'opzione di pagamento una tantum più alta. In questo modo, alcuni clienti ti faranno guadagnare di più *oggi*, mentre altri accumuleranno entrate ricorrenti per *domani. Più il prezzo singolo è basso rispetto al prezzo della continuità, più persone compreranno il prezzo singolo. Più il prezzo singolo è alto rispetto al prezzo della continuità, più persone sceglieranno la continuità.*

Se vuoi ancora più soldi, offri sconti per acquisti in blocco prepagati. Gli upsell di continuità all'ingrosso aumentano notevolmente i profitti su 30 giorni. Supponiamo che tu offra "compra cinque mesi e ne avrai uno gratis". Solo *una persona su otto* deve accettare l'upsell per aumentare i profitti su 30 giorni del 50%!

Se vuoi che si impegnino, preparati a fare uno scambio. Puoi abbinare il bonus a un impegno. Ad esempio, consenti ai clienti di ottenere il bonus solo se si iscrivono e si impegnano per 3-6-12 o + mesi. In questo modo otterrai più persone che si impegnano, ma meno persone lo accetteranno, almeno rispetto a offrirlo a tutti. All'inizio, mantieni le cose semplici. Offri semplicemente bonus singoli e abbonamenti mensili.

Esercizio n. 20: crea il tuo bonus di continuità

1. Scrivi il prezzo del tuo "programma una tantum" (che offrirai come bonus gratuito): $ ______________________

   a. Componente bonus n. 1 *(altro)*: ________________________

   b. Componente bonus n. 2 *(migliore)*: ______________________

   c. Componente bonus n. 3 *(diverso)*: ______________________

   d. Componente bonus n. 4: ____________________________

   e. Garanzia: ____________________________________

2. Scrivi il tuo prezzo di continuità (dovrebbe essere da ⅓ a ⅕ del prezzo del bonus: $ ______________________

   a. Bonus esclusivo per i membri n. 1: ____________________

   b. Bonus esclusivo per i membri n. 2: ____________________

   c. Bonus esclusivo per i membri n. 3: ____________________

3. Scrivi il tuo prezzo annuale prepagato di continuità: (10 volte il prezzo mensile sopra indicato): $ ______________________

   a. Un grande bonus che ottengono pagando in anticipo: ____________

   ____

Offerte di sconto sulla continuità

Se ti iscrivi oggi, avrai X volte gratis.

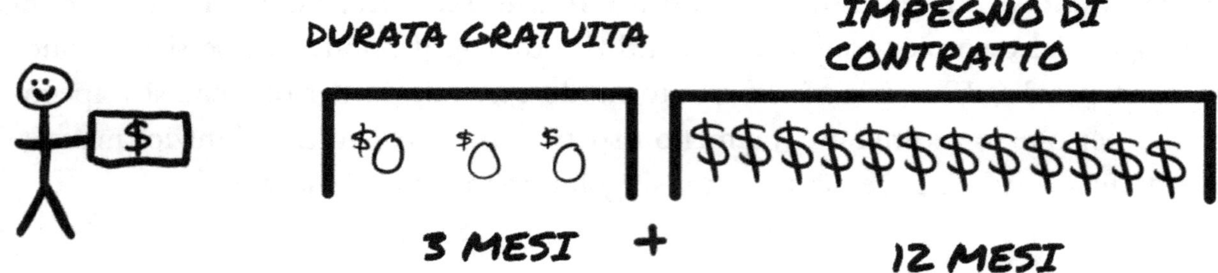

Primavera 2018.

Mentre mi stavo sistemando in un nuovo quartiere, ho incontrato un vicino che si è rivelato essere un imprenditore di successo in un settore inaspettato: i rifiuti. Mi ha raccontato il segreto del suo successo: offrire un anno di servizio gratuito ai grandi appartamenti in cambio di contratti quinquennali a pagamento. L'offerta ha conquistato i grandi clienti della concorrenza e gli ha permesso di acquisire clienti a basso costo. Nonostante abbia perso soldi il primo anno a causa di tutto il lavoro gratuito che ha anticipato, la sua scommessa ha dato i suoi frutti. Alla fine ha ampliato l'attività e l'ha venduta per milioni.

Descrizione

Per fare uno sconto una tantum sulla continuità, dai prodotti o servizi gratis se il cliente si impegna a comprare più prodotti e servizi *nel tempo*. Questo può attirare un sacco di potenziali clienti e rende la vendita facile da chiudere per chiunque.

Se ti guardi intorno, vedrai questa offerta in molti settori diversi. Funziona. Pensa a Internet, alla pulizia delle piscine, agli abbonamenti alle palestre, al giardinaggio e a tutto ciò che può essere affittato.

Puoi farlo funzionare in qualsiasi attività commerciale, purché tu sappia due cose. Innanzitutto, come applicare lo sconto: io lo faccio in quattro modi. E in secondo luogo, la tua politica di cancellazione, perché le persone non sempre mantengono i loro impegni.

Io applico lo sconto in quattro modi: all'inizio, alla fine, in modo uniforme o dopo il primo mese o i primi due mesi.

<u>In anticipo</u>. Applichi lo sconto in anticipo e allunghi la durata. In pratica, il periodo "ufficiale" inizia dopo la fine del periodo gratuito. Funziona meglio nei settori che hanno una storia di successo nell'applicazione dei contratti (telefonia mobile, depositi, immobili, attrezzature o qualsiasi cosa con garanzie collaterali). Due note: primo, se hai un tasso di abbandono storicamente alto, salta questa opzione e considera le altre. Secondo, questo <u>non</u> porta profitti. Porta clienti, ma ritarda l'incasso. Quindi, se vuoi opzioni più redditizie, continua a leggere.

<u>Alla fine</u>. Puoi applicare l'intero sconto alla fine e allungare il periodo. Finché pagano tutto *in tempo*... ottengono un bonus di tempo pari al valore dello sconto. Si *guadagnano* il loro tempo gratis.

Distribuzione nel tempo. Applica lo sconto su tutta la durata del contratto. Supponiamo che tu offra tre mesi gratuiti per un impegno di un anno. A 200 $ al mese, hai scontato 600 $. Distribuendo quei 600 $ su 12 mesi, ottengono uno sconto di 600 $/12 mesi = 50 $ *al mese*. Puoi anche dire loro che, se effettuano tutti i pagamenti in tempo, possono mantenere lo sconto a vita dopo la scadenza del termine.

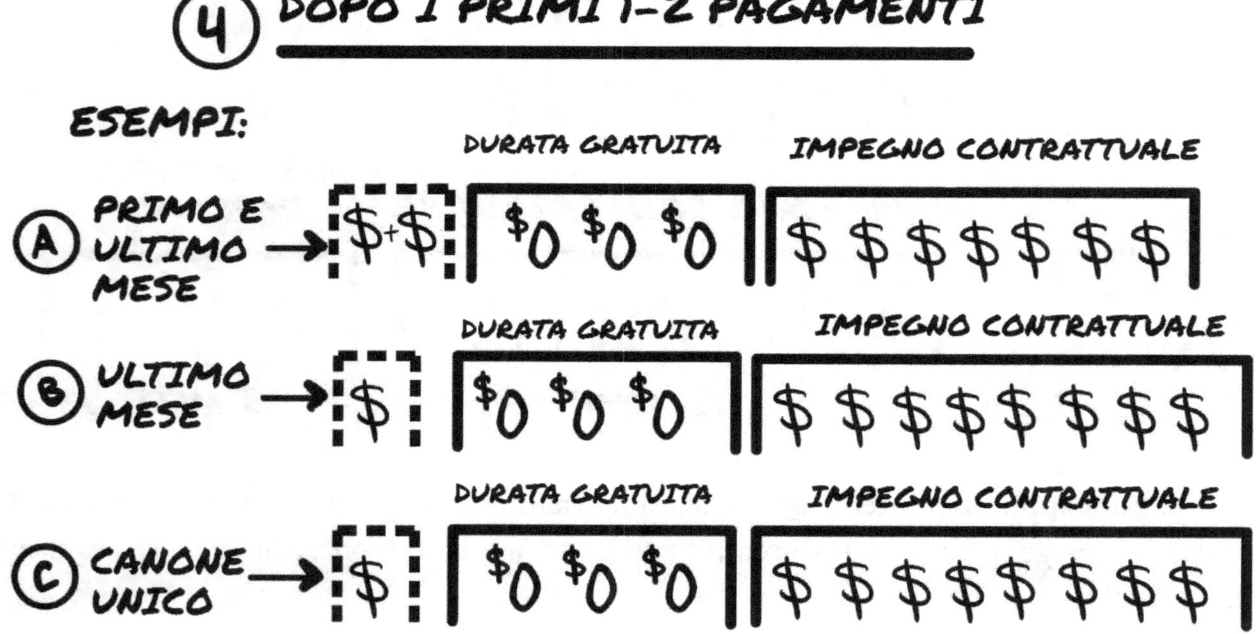

Dopo il primi 1-2 pagamenti. Pagano un paio di volte e poi ottengono il loro sconto una tantum. In questo modo incassi un po' di soldi per coprire i costi di pubblicità e di consegna. Io preferisco farlo presentando l'offerta come *"primo e ultimo mese"*, *"ultimo mese in anticipo"* o aggiungendo una sorta di *commissione di attivazione* prima di ottenere il valore del bonus. Questo garantisce anche che il cliente usi un metodo di pagamento valido… un dettaglio piccolo ma importante quando si gestisce un'attività.

CANCELLAZIONI

Devi avere una politica di cancellazione chiara fin dall'inizio. Ce ne sono di molti tipi. Preavviso di 30 o 60 giorni. Spese di cancellazione. Cancellazione in qualsiasi momento. Ecc. Dato che tutti aderiscono alle mie offerte di continuità con uno sconto di qualche tipo, questa è la mia preferita:

Basta rendere la penale di cancellazione *pari allo sconto che hanno accettato di ottenere.* Quindi, se hanno ottenuto 600 $ di sconto impegnandosi, possono pagare 600 $ ogni volta che vogliono cancellare. È semplice da spiegare.

Assicurati che i clienti sappiano come annullare. Dai loro un modo chiaro per contattarti, così avrai una possibilità concreta di non perderli.

Se un cliente vuole annullare, chiedi di fare un colloquio di uscita. Potresti dire: "Ti levo la penale di cancellazione se vieni a dirmi cosa potrei migliorare". Questo dà ai clienti un motivo *reale* per dare un feedback. Poi, puoi usare il loro feedback per risolvere il problema o offrire qualcosa di più adatto a loro. Come minimo, avranno cose più belle da dire sull'azienda se cerchi davvero di risolvere il problema. Di solito si riesce a trattenere un terzo dei clienti che accettano di fare un colloquio di uscita.

Note importanti

****Il valore più alto per parola in questo libro**** <u>Salta questo punto se odi i soldi.</u> Fattura a *intervalli settimanali, non mensili* (ogni 4 settimane, 12 settimane, ecc.). Ecco perché. Ci sono 12 mesi in un anno, ma l'anno ha <u>13</u> cicli di quattro settimane. *Si tratta di una differenza dell'8,3%.*

Non ridurre la durata con gli sconti, allungala! Supponiamo che tu offra tre mesi gratuiti quando si iscrivono per un anno. Ciò potrebbe significare che pagano nove mesi e ne ottengono tre gratuiti (12 mesi in totale). Oppure, ciò potrebbe significare che pagano dodici mesi e ne ottengono tre gratuiti (15 mesi in totale). <u>Preferisci iniziare con l'estensione della durata. Poi, puoi proporre un downsell più breve.</u>

Ottieni il 3% in più di entrate con cinque parole in più. "Sì, sono X $ *<u>più una commissione di elaborazione del 3%</u>*". Nella mia vita, non ho mai visto nessuno rinunciare a un acquisto a causa di una commissione di elaborazione. Ma il 3% aggiunto al tuo fatturato *senza alcun lavoro extra* va direttamente al tuo risultato finale. Se gestisci un'attività con un profitto del 10% e aggiungi il 3%, hai appena aumentato il tuo profitto del 30%. Ne vale la pena. E questo funziona particolarmente bene se abbinato a…

Ottieni due tipi di pagamento. Le attività ricorrenti perdono un sacco di soldi a causa di problemi di elaborazione dei pagamenti. In primo luogo, i clienti non annullano, ma le loro informazioni di pagamento cambiano o scadono. In secondo luogo, i clienti raggiungono il limite massimo delle carte o hanno fondi insufficienti. Risolviamo entrambi i problemi con la stessa soluzione. Chiedi loro se vogliono risparmiare la commissione di elaborazione del 3% fornendoti una seconda forma di pagamento.

Prova lo sconto a vita nel momento in cui i clienti tendono ad andarsene. Pubblicizza lo sconto a vita. Ma fai in modo che i clienti se lo *guadagnino*. Ottengono una tariffa più bassa *se* rimangono oltre il periodo X. Imposta X sul mese in cui il tuo cliente medio abbandona.

Esempio reale: ho visto un'azienda che vendeva (un sacco di) riso. Offrivano tre opzioni di prezzo: 1) un prezzo unico 2) uno sconto del 5% sull'abbonamento. E 3) uno sconto del 15% *se rimanevi abbonato per 5 mesi di fila.* Ti guadagnavi il prezzo più basso a vita. Sono sicuro che hanno capito che era appena oltre il punto in cui la maggior parte delle persone cancellava *l'abbonamento.*

Esercizio n. 21: crea la tua offerta di sconto continuativo

1. Quanto tempo o quanti prodotti vuoi regalare: _______________________

2. Scegli quando vuoi darlo (cerchia una risposta):

    a. All'inizio

    b. Nel corso del tempo

    c. Alla fine

    d. Dopo i primi pagamenti

3. Scegli la durata: _______________________

    a. Scrivi: *"Se ti impegni per [durata] mesi, avrai [tempo gratuito/struttura di sconto]. È un valore totale di $ _______________________ per solo $ _______________________ al mese. Vuoi che te lo blocchi?"*

4. Scegli se/quando vuoi offrire uno sconto a vita (dopo il tuo momento di abbandono): _______________________

5. Crea i termini di cancellazione:

   a. Aggiungi un colloquio di uscita ai termini (S / N) + Aggiungi un incentivo per partecipare al colloquio

   ____

   b. Aggiungi una penale di cancellazione pari al tempo concesso se violano il contratto (S / N)

   c. Scrivi il testo: *"Per avere lo sconto, chiediamo un preavviso di [X giorni] o la possibilità di pagare la differenza se si cancella prima. Così, tutto è giusto. Ti va bene?"*

OMAGGIO: Offerte di sconto di continuità Formazione

Come i bonus, gli sconti sono limitati solo dalla tua creatività. In questo capitolo ti ho dato gli elementi di base. Ho anche realizzato un video che illustra alcuni dei modi creativi che ho visto. Come al solito, puoi guardarlo gratuitamente su acquisition.com/training/money. Oppure, scansiona il codice QR qui sotto. Buona visione.

Offerta con esenzioni dalle commissioni

Puoi iscriverti mese per mese con una quota di iscrizione,
oppure te la rimborso se ti impegni per un anno.

Gennaio 2021.

Ho incontrato un venditore di prodotti di fascia alta con tassi di chiusura più alti e un tasso di abbandono più basso rispetto a me. Quindi gli ho chiesto come ci fosse riuscito. Ecco come: offriva ai clienti due opzioni: un piano mensile con una quota di attivazione elevata o un impegno annuale con la quota di attivazione gratuita. L'esonero dalla quota di attivazione elevata ha spinto i clienti a impegnarsi nel piano annuale per ottenere il risparmio, rendendo al contempo più oneroso il recesso anticipato. Era il Santo Graal, con tassi di conversione più elevati e un LTV più alto.

Descrizione

Le offerte con esenzione dalla commissione funzionano così. Prima di tutto, chiedi al cliente di pagare una commissione di attivazione come parte dell'adesione a un programma mensile. Di solito, chiedo 3-5 volte la mia tariffa mensile. Poi, offri uno sconto *sull'intera* commissione *se* si impegnano a lungo termine. Ma, se disdicono durante il periodo di validità, pagano la commissione.

I clienti possono scegliere di pagare una tariffa significativa e mantenere la possibilità di recedere in qualsiasi momento, oppure possono impegnarsi per 12 mesi e ottenere l'esonero dalla tariffa. Molti si impegneranno per evitare la tariffa elevata.

Noi corriamo un rischio maggiore se pagano mese per mese. Ma *loro* corrono un rischio maggiore se si impegnano. Se un cliente sceglie il mese per mese, noi riduciamo il nostro rischio con la quota di avvio. Ma riduciamo il *loro* rischio di anno in anno rinunciando a quelle quote. E se si impegnano e vogliono recedere in anticipo, va bene. Pagano *come se* avessero scelto "mese per mese" fin dall'inizio. Semplice.

Conclusione: i clienti rimarranno più a lungo se lasciare costa più che rimanere.

Esempio

Dato che l'offerta si concentra più sul prezzo, sembra la stessa in tutte le attività continuative. L'esempio seguente è tratto dalla storia per darti un'idea più chiara di come funziona.

Rinuncia alle commissioni con impegno.
1) Durata dell'impegno: 12 mesi
2) Tariffa mensile - 1.000 $ al mese
3) Costo: 5.000 $ *se si paga mese per mese.*

Opzione A: Paghi una commissione una tantum di 5.000 $ *più* 1.000 $ per il primo mese. Poi paghi 1.000 $ al mese. Puoi disdire quando vuoi.

Opzione B: esenzione dalla commissione di 5.000 $ se ti impegni per 12 mesi. Pagamento di 1.000 $ al mese. Pagamento della commissione di 5.000 $ solo in caso di rescissione anticipata dell'impegno.

Note importanti

Le commissioni li spingono a iniziare. Le persone traggono vantaggio dall'impegnarsi *immediatamente* perché evitano di pagare una tariffa. Le persone vogliono evitare le tariffe. Quindi, più persone si iscrivono alla continuità.

Le commissioni li fanno restare. Le persone restano per lo stesso motivo per cui hanno iniziato. Restando, *evitano la commissione.* Le persone smettono per milioni di motivi. Ma, dovendo pagare una commissione aggiuntiva e più alta *per* cancellarsi, il motivo originale per cui volevano smettere diventa meno importante rispetto al valore di evitare la commissione. In altre parole, se il costo per smettere supera il costo per restare, probabilmente resteranno.

    105

Presentazione della tariffa. Spiega perché la tariffa è necessaria parlando di quanto costa accogliere nuovi clienti per programmi a lungo termine. In pratica, se vogliono flessibilità a breve termine, *pagano i costi di avvio*. Ma, se decidono di restare a lungo termine, *paghiamo noi i costi di avvio*. Se qualcuno chiede altre spiegazioni, basta dire: *"Ci costa soldi farti iniziare. Se vuoi solo provarci, copri tu questi costi. Se ti impegni a lungo termine, li coprirò io"*.

Se più del 5% delle persone vuole annullare prima, dai un'occhiata. Il prezzo *incentiva* la fedeltà, ma non può (e *non dovrebbe*) superare un prodotto scadente.

Se vuoi più soldi subito, chiedi una commissione più bassa. Una tariffa più bassa spinge le persone a scegliere il mese per mese. Una tariffa più alta spinge le persone a impegnarsi. Ma se hai bisogno di più soldi subito, puoi chiedere una tariffa da 1,5 a 3 volte quella mensile. Così, più persone accetteranno e tu avrai più soldi subito.

Elimina la commissione dopo che il cliente ha rispettato l'impegno. Se qualcuno mantiene l'intero impegno e poi vuole annullare, si è guadagnato la cancellazione gratuita.

Preferisco questa offerta per impegni di un anno o più. Più lungo è l'impegno, meglio funziona. Funziona particolarmente bene con servizi che richiedono molto tempo per funzionare (SEO, investimenti, perdita di peso, ecc.). Mantiene le persone impegnate quando si lasciano trasportare dalle emozioni.

Penali di cancellazione per una... causa? Se vuoi mantenere i clienti extra motivati, puoi donarle a una causa che loro *non supportano*. Esempio: "Qual è la causa che odi di più? *Ottimo. Se cancelli in anticipo, donerò la tua quota di iscrizione a loro"*. Questo dà loro *due* motivi per restare. Primo, perché non vogliono sborsare i soldi. Secondo, perché non vogliono che una causa che odiano ne benefici.

Esercizio n. 22: crea la tua offerta di esenzione dalle spese

Imposta il tuo modello di prezzo a due opzioni qui sotto.

- Tariffa mensile: $ _______________________

- Importo della tariffa esentata (*punta a 3-5 volte la tariffa mensile*): $________

- Durata dell'impegno: _______________ mesi

Ora scrivi entrambe le offerte:

Opzione A (mensile):

Paga $ _________________________ di costo di attivazione + $ _________________________

al mese. *Puoi disdire quando vuoi.*

Opzione B (Impegno):

Se ti impegni per _________________________ mesi, non paghi la quota di

attivazione di $ _________________________ . Paghi $ _________________________

al mese. Vuoi disdire prima? Allora paghi una penale di $ _________________________ .

OMAGGIO: video di formazione sull'esonero dalla commissione

L'esonero dalle commissioni è davvero molto efficace. Non vedo l'ora che tu lo provi e lo scopra di persona. Per assicurarmi che tu ti senta sicuro nel farlo da solo, ho realizzato un video che ti guida passo passo. Come al solito, puoi guardarlo gratuitamente su acquisition.com/training/money. Oppure puoi scansionare il codice QR qui sotto. Buona visione.

Offerte di continuità - Conclusione

*L'unica cosa migliore che convincere qualcuno a comprare
una volta è convincerlo a comprare di nuovo.*

Le offerte di continuità *forniscono un valore continuo per cui i clienti effettuano pagamenti continui fino alla cancellazione.* Molte aziende utilizzano le offerte di continuità per attirare i clienti a un costo inferiore. Tuttavia, questo fa crollare i profitti a 30 giorni. Ciò rende difficile realizzare pubblicità redditizie.

Io uso le offerte di continuità in modo diverso. Le faccio *durare.* Comincio con offerte di attrazione redditizie. Poi faccio le mie offerte di upsell e downsell. *Quindi,* offro la continuità. E se accettano, faccio un upsell di una quantità ingente di tempo o di prodotto con uno sconto. Poi, entrano automaticamente nella continuità dopo aver esaurito il loro acquisto all'ingrosso. In questo modo, guadagno ancora di più *e* ottengo i vantaggi di un flusso di cassa ricorrente dagli altri clienti della continuità.

Le offerte di continuità funzionano con ricompense o punizioni. Io preferisco le ricompense. E due delle tre offerte di continuità che ho spiegato le usano. Ma ci saranno sempre momenti in cui un contratto più tradizionale ha senso. In quelle situazioni, mi piacciono le offerte con esenzione dal pagamento.

Nella prossima sezione, creeremo il nostro modello di guadagno da 100 milioni di $ combinando tutti e quattro i tipi di offerte: offerte di attrazione, offerte di upsell, offerte di downsell e offerte di continuità.

Esercizio n. 23: scegli la tua offerta di continuità

Scegli quali offerte di continuità applicherai alla tua attività:

    a. Bonus di continuità

    b. Sconto di continuità

    c. Offerta con esenzione dal pagamento.

SEZIONE VI:
CREA IL TUO MODELLO
DI GUADAGNO

Come conquistare l'intero mercato

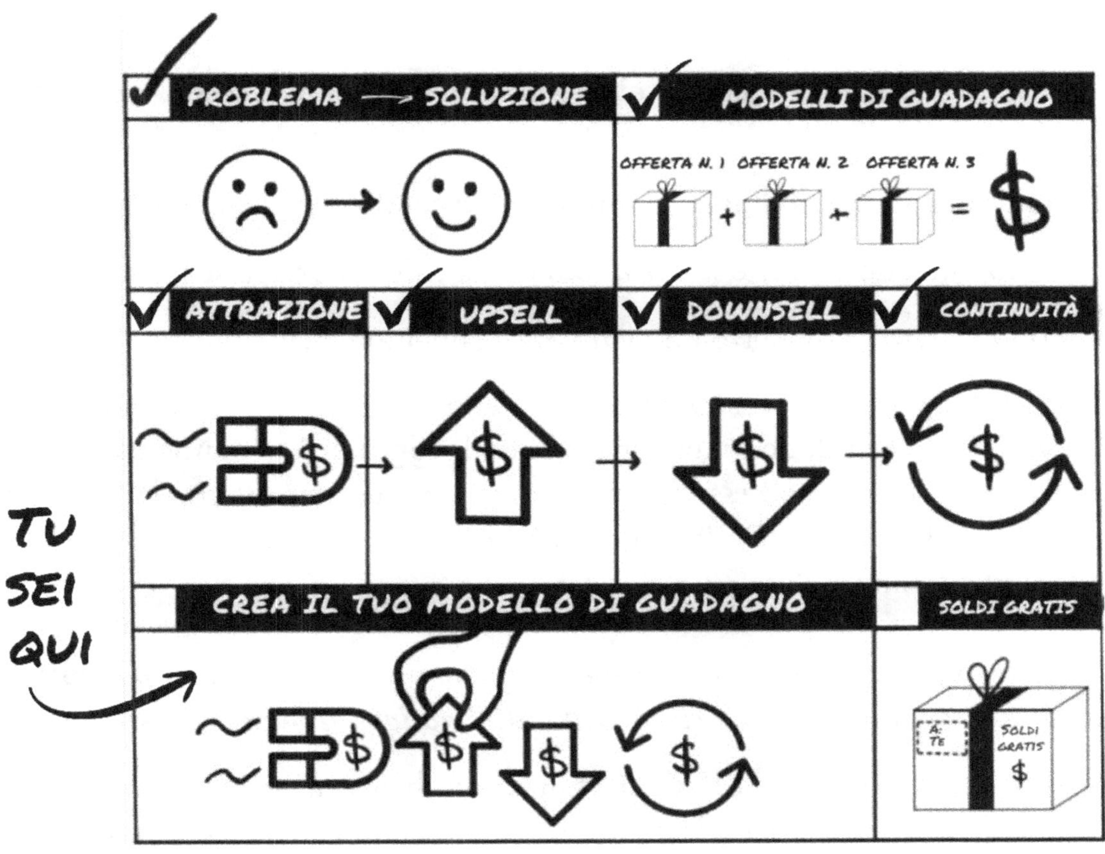

Oggi diamo un'occhiata a come si è evoluto il modello di gudagno da 100 milioni di $ di Gym Launch.

Il mio modello Gym Launch ha usato molte delle offerte presenti in questo libro per creare un modello di guadagno completo da 100 milioni di $.

- Tutto è iniziato con <u>un'offerta esca</u>. Ho attirato nuovi clienti con un sacco di corsi gratuiti, libri, video di formazione, formazione dal vivo e così via. Tutto ciò che serve per far crescere una palestra. Ogni prodotto gratuito era accompagnato da una chiamata gratuita per aiutare i proprietari di palestre a utilizzarlo. Durante la chiamata offrivo:

- *Offerta esca:* ora che hai il piano, lo fai da solo gratis.

Oppure...

- *Offerta Premium:* Possiamo aiutarti a mettere in pratica tutto questo per 16.000 $ in 16 settimane. Se avessero scelto l'opzione premium, avrebbero ottenuto un tesoro di tattiche per fare soldi. Tattiche che mi ci sono voluti anni per capire. La gente ha comprato a destra e a manca.

E in un attimo, la mia offerta esca mi ha portato a guadagnare 476.000 $ al mese in tre mesi. *Non è un errore di battitura.*

- Poi, ho usato il <u>classico upsell</u> per offrire playbook avanzati e servizi per 42.000 $ all'anno.

- E un <u>bonus di continuità</u> di una community per condividere le migliori pratiche.

- Ho iniziato offrendo un forte *sconto di 6.000 $* a chiunque pagasse in anticipo.

- A chi non l'ha fatto, ho offerto un <u>piano di pagamento rateale</u>.

- Se dicevano di no, passavo a 10.000 $ di anticipo e distribuivo il resto nel tempo. Se dicevano di nuovo di no, usavo uno <u>sconto di continuità</u> per anticipare il tempo libero per tutto il tempo necessario a finire di pagare la prima offerta. Poi, passavano direttamente al mio upsell di continuità. In questo modo, i loro pagamenti rimanevano continui.

E taac!... Il classico upsell+ Bonus di continuità + Downsell del piano di pagamento + Sconto di continuità mi ha portato a circa 1.500.000 dollari al mese.

- Anche se il processo di upsell e downsell funzionava bene, *alcuni proprietari di palestre continuavano a dire di no.* Ho ideato un <u>Menu Upsell</u> più personalizzato con diversi livelli di servizio.

- Se non volevano l'intero pacchetto, utilizzavo <u>i downsell delle funzionalità/ caratteristiche</u> per trovare l'opzione migliore per loro. Quasi tutti rimanevano per qualcosa.

E bam... Menu Upsells+Feature Downsells mi hanno portato a 2.300.000 dollari al mese. *Tutto in 14 mesi.*

- Poi abbiamo avviato Prestige Labs e l'abbiamo integrato con Gym Launch. Un'attività completamente diversa con un proprio modello di guadagno. Entro il ventesimo mese, stavamo incassando 4.400.000 $*al mese.* È stata una svolta nella nostra vita.

E per farlo sono bastati *solo* *alcuni prodotti davvero ottimi* e un *modello di guadagno da 100 milioni di $*.

***

Descrizione

Un modello di guadagno è *una sequenza di offerte ben studiata*. È quello che offri, quando lo offri e come lo offri per fare più soldi possibile il più velocemente possibile. L'ideale è guadagnare abbastanza da un cliente per acquisirne e servirne *almeno* altri due *in meno di 30 giorni*. E anche se non sembra sempre chiaro, io divido i modelli di guadagno da 100 milioni di $ in tre fasi:

Fase I: Guadagnare denaro - Le offerte attrattive ti fanno avere più clienti spendendo meno

Fase II: Guadagna di più - Le offerte di upsell e downsell ti fanno guadagnare di più, più velocemente

Fase III: Ottieni il massimo - Le offerte di continuità massimizzano il loro denaro totale speso

Secondo la mia esperienza, i modelli di guadagno si evolvono così:

- Prima di tutto, ottengo clienti in modo affidabile, *poi*

- mi assicuro che paghino in modo affidabile, *quindi*

- mi assicuro che paghino in modo affidabile per altri clienti, *quindi*

- inizio a massimizzare il valore a lungo termine di ogni cliente, *quindi*

- spendo tutti i soldi che posso in pubblicità per guadagnare il più possibile.

I miei modelli di guadagno funzionano così perché mi assicuro che *ogni fase paghi per quella successiva*. Continuiamo a migliorare ogni fase finché non diventa *affidabile*. Questo significa anche affidabilità finanziaria *e* operativa.

Modelli di guadagno di Gym Launch

Fase I - Offerta di attrazione: offerta esca

Esca fai-da-te gratuita contro licenza premium da 16.000 dollari con assistenza

Offerta di upsell di fase II: upsell classico

Una volta che sai come conquistarli, devi capire come tenerli.

42.000 $ all'anno (36.000 $ prepagati) per servizi aziendali avanzati.

Offerta di downsell fase II: downsell con piano di pagamento.

Downsell altalenante: *inizia con un acconto di 10.000 $ e il resto distribuito su 52 settimane.*

Offerta con piano di pagamento finale: *800 $ a settimana per 52 settimane.*

Offerta di continuità fase III: chiusura del menu + downselling delle funzionalità

Pacchetto completo: 800 dollari a settimana

Caratteristica: pubblicità fatta per te: 300 $ a settimana

Caratteristica: Vendite in palestra Allenamento quotidiano: 200 $ a settimana

Caratteristica: Nuove uscite mensili: 500 $ a settimana

Caratteristica: Materiali di licenza originali con supporto tecnico: 100 $ a settimana

Pacchetto minimo: 100 $ a settimana

Se vuoi altri esempi, li trovi nel libro principale.

Crea il tuo modello di guadagno

Passo 1) Inizia con un'offerta che attiri l'attenzione. L'obiettivo è trasformare gli sconosciuti in clienti e coprire i costi. Quindi, pensa a cosa vuoi vendere. Poi, trova il modo migliore per presentarlo. Scegli tra le cinque offerte attraenti, quindi *pubblicizzala*. Se ottieni contatti che si trasformano in clienti, sei sulla buona strada. Capire cosa funziona meglio può richiedere fino a un anno. Se vuoi saperne di più sulla pubblicità, dai un'occhiata al mio secondo libro *$100M Potenziali Clienti*.

Passo 2) Scegli un'offerta di upsell. L'obiettivo è ottenere profitti mensili *ben al di sopra* dei costi sostenuti per acquisire un nuovo cliente e fornirgli ciò che offri. Ricorda, una volta risolto un problema, ne appare un altro. Anche questi problemi hanno bisogno di soluzioni. Risolvi i problemi creati dalla tua offerta di attrazione con offerte di upsell. Quindi scegli l'offerta di upsell che meglio si adatta al problema che risolvi e al modo in cui lo risolvi. Poi, fai la tua offerta nel momento in cui ne hanno più bisogno.

Passo 3) Scegli un'offerta di downsell. L'obiettivo è quello di convincere i clienti che hanno rifiutato la tua ultima offerta ad accettare un'altra offerta. In questo modo, venderai *a molte più persone* di quanto faresti altrimenti, guadagnando così più denaro *dal numero stesso di potenziali clienti*. La sezione Offerte di downsell ti mostra le mie tre preferite.

Passaggio 4) Scegli un'offerta continuativa. L'obiettivo qui è quello di ottenere un'ultima vendita nella nostra finestra di trenta giorni e accumulare denaro ricorrente. Quindi, cerco di includere la continuità nel business *alla fine*.

A volte il momento migliore per le offerte di continuità arriva *dopo* i primi trenta giorni, e va bene così. È meglio fare l'offerta al momento giusto piuttosto che cercare di forzarla al momento sbagliato.

Note importanti

Una sola offerta alla volta. È allettante implementare un intero modello di guadagno in una volta sola. Non farlo. Attieniti alla tua fase. Scegli un›offerta. Provala. Continua a farlo finché non funziona in modo affidabile. Poi, una volta che è affidabile, fallo così tante volte da renderlo automatico. *Quindi*, passa alla fase successiva.

Aumenta il prezzo un po' alla volta. All'inizio fai offerte economiche. Poi, man mano che ottieni risposte positive, aumenta il prezzo. Molte risposte positive iniziali ti consentono di ottenere feedback dai clienti e migliorare il prodotto. Quindi, quando l'offerta diventa affidabile, inizia ad aumentare il prezzo. Continua ad aumentare il prezzo fino a quando il denaro extra derivante dalle risposte positive non compensa quelle negative.

Semplici regole. Fantasia fallimentare. Ottieni il massimo da quello che hai. Ricorda, non si tratta tanto di avere 100 prodotti da offrire, quanto di avere 100 modi per offrire il tuo prodotto. Pensa a più modi per vendere la stessa cosa, non a più cose da vendere. *Questo trasforma un prodotto in molte offerte.*

Trasforma le offerte promozionali in offerte continuative con il rinnovo automatico. In questo modo avrai un due per uno. Ad esempio, se fai un'offerta "Acquista 6 mesi e ricevi 6 mesi gratis", alla fine dei 12 mesi l'offerta può trasformarsi automaticamente in un abbonamento mensile. In questo modo otterrai i vantaggi delle offerte di attrazione e di continuità. Un piccolo consiglio con *grandi* implicazioni.

Puoi combinare le offerte come preferisci. Ti presento le offerte in questo modo perché è così che le uso io. Ma, se ti ricordi, molte le ho imparate da persone che le usavano in modo diverso da me! Molte di queste offerte puoi usarle *ovunque*. Puoi usare le tattiche di upsell nella tua offerta di attrazione. Puoi mettere in atto un processo di downsell con *ogni* offerta. Puoi usare un'offerta di continuità per attirare nuovi clienti. Non ci sono regole. Puoi fare quello che vuoi. Ti mostro le cose in un modo, *ma mi aspetto che tu le usi in un altro.* Quindi, inizia con il modo che ti suggerisco. Poi, man mano che migliori, sperimenta. È così che ho imparato queste cose. Ed è così che le imparerai anche tu.

Esercizio n. 24: crea il tuo modello di guadagno da 100 milioni di $

1. Scegli la tua offerta attrattiva: _______________________

2. Scegli la tua offerta di upsell: _______________________

3. Scegli la tua offerta di downsell: _______________________

4. Scegli la tua offerta di continuità: _______________________

5. Ora hai la versione <u>finale</u> del tuo modello di guadagno. Potrebbero volerci mesi (a volte anni) per completarlo. Va bene così. Ma ora sai qual è il tuo obiettivo.

Esercizio n. 25: elenca tre modi diversi per vendere la stessa cosa:

Scrivi il tuo prodotto qui sotto, poi pensa a tre modi diversi per confezionarlo, dargli un prezzo o offri lo usando i concetti del modello monetario.

Il mio prodotto: _______________________

Stile dell'offerta	Descrizione
Offerta di richiamo	_______________________
Versione upsell	_______________________
Versione Continuity	_______________________

OMAGGIO: Crea il tuo modello di guadagno - Formazione passo dopo passo

Wow. Questo capitolo è davvero ricco di informazioni. Si tratta anche, probabilmente, del capitolo più importante del libro. Quindi, per assicurarmi che tu non ti blocchi, ho realizzato un video che illustra passo dopo passo questo processo. Come al solito, puoi guardarlo gratuitamente (senza bisogno di registrarti) all'indirizzo acquisition.com/training/money. Oppure puoi scansionare il codice QR qui sotto.

Dieci anni in dieci minuti

La cosa migliore che un essere umano possa fare è aiutare un altro essere umano ad acquisire maggiori conoscenze. – Charlie Munger

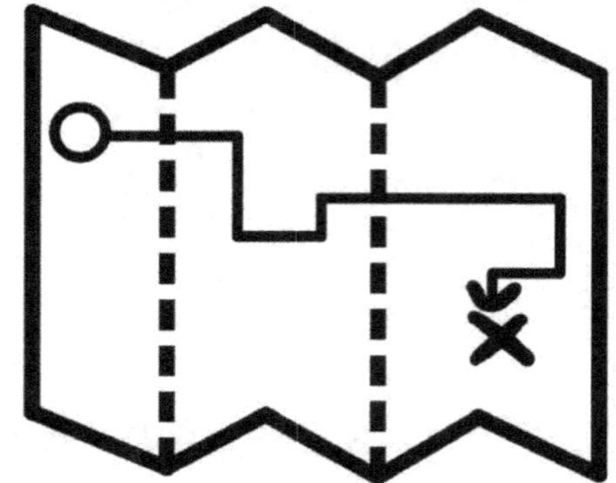

Dove si inseriscono i modelli di guadagno nel grande schema delle cose

- Il mio primo libro, *$100M Offerte*, rispondeva alla domanda: *cosa dovrei vendere?* Risposta: un'offerta così vantaggiosa che le persone si sentirebbero stupide a rifiutarla.

- Il mio secondo libro, *$100M Potenziali clienti*, rispondeva alla domanda successiva: *come faccio a trovare queste persone?* Risposta: fai pubblicità.

- Il mio terzo libro, *$100M Modelli di Guadagno*, risponde alla domanda successiva: *come faccio a convincerli ad acquistare?* Risposta: con un modello di guadagno.

- E spero che questo libro ti abbia aiutato a farlo.

Cosa abbiamo trattato

Abbiamo trattato molti argomenti. E penso che organizzare ciò che abbiamo imparato in un unico posto aiuti a memorizzarlo meglio. Quindi ho creato questo elenco di ciò che abbiamo trattato e perché come se fosse "sul retro di un tovagliolo".

1) **Un modello di guadagno** è una serie di offerte pensate per aumentare il numero di clienti, quanto pagano e quanto velocemente lo fanno.

2) **Un buon modello di business** *fa guadagnare di più da un cliente rispetto a quanto costa acquisirlo e servirlo nei primi 30 giorni.* Questo è il minimo indispensabile.

3) **Un modello di guadagno da 100 milioni di $** *fa guadagnare di più da un cliente rispetto a quanto costa acquisirlo e fornirgli assistenza nei primi 30 giorni,* eliminando il denaro come limite alla crescita della tua attività.

4) I modelli di guadagno hanno **quattro tipi di offerte**: offerte attrattive, offerte di upsell, offerte di downsell e offerte di continuità.

5) **Le offerte promozionali** attirano i clienti offrendo qualcosa di gratuito o scontato. Spesso, permettono guadagni anche offrendo un *affare migliore* a un prezzo più alto. Ne abbiamo trattate cinque.

    a) <u>Rimborsi</u>: stabilisci un obiettivo per il cliente *e* gli dici come raggiungerlo. Se lo raggiunge, ha diritto a ricevere indietro i suoi soldi *o* a ottenerli sotto forma di credito nel negozio.

    b) <u>Omaggi</u>: pubblicizzi la possibilità di vincere un grande premio in cambio delle informazioni di contatto e di qualsiasi altra cosa desideri. Dopo aver scelto un vincitore, offri a tutti gli altri il grande premio a un prezzo scontato.

    c) <u>Offerte esca</u>: pubblicizzi un'offerta gratuita o scontata. Quando il potenziale cliente chiede maggiori informazioni, gli presenti *anche* un'offerta premium più vantaggiosa. L'offerta premium include più funzionalità/caratteristiche, vantaggi, bonus, garanzie e così via.

    d) <u>Compra X e ricevi Y gratis</u>: offri ai clienti prodotti gratuiti in cambio dell'acquisto di altri prodotti a pagamento. Più prodotti gratuiti offri e più alto è il loro valore, più le persone comprano.

    e) <u>Paga meno adesso o paga di più dopo</u>: dai alle persone la possibilità di pagare il prezzo pieno in un secondo momento OPPURE di pagare un prezzo scontato ora *e* ottenere bonus aggiuntivi.

6) **Le offerte di upselling** sono tutto quello che offri dopo. Di solito, versioni più complete, migliori o più recenti di quello che hanno appena comprato. Queste ti fanno guadagnare più soldi velocemente. Ne abbiamo viste quattro.

    a) <u>L'upsell classico</u>: offri la soluzione al prossimo problema del cliente nel momento in cui ne diventa consapevole. *Non puoi avere X senza Y!*

    b) <u>Upsell da menu</u>: dici ai clienti quali opzioni non servono. Poi, dici loro cosa serve *e* come trarne valore. *Non ti serve* quello... *ti serve questo.*

c) <u>Upsell di ancoraggio</u>: offri prima il tuo prodotto più costoso. Se il cliente esita, offri un'alternativa molto più economica ma comunque accettabile. *Non preoccuparti. Se non ti interessa X, questo potrebbe essere più adatto a te.*

d) <u>Rollover Upsell</u>: accrediti una parte o la totalità degli acquisti precedenti di un cliente sulla tua prossima offerta. *Dato che hai già speso 500 $, te li accrediterò per un anno intero.*

7) **Le offerte di downsell** sono tutto quello che offri dopo che qualcuno ha detto di no. E trasformando i no in sì guadagni di più. Ne abbiamo visti tre.

a) <u>Downsell con piano di pagamento</u>: offri lo stesso prodotto allo stesso prezzo, ma il cliente paga una parte ora e il resto nel tempo. *Quando pagherai? Facciamo metà ora e metà dopo?*

b) <u>Prova con penalità</u>: lasci che i clienti provino il tuo prodotto o servizio gratuitamente, *a condizione che rispettino i tuoi termini.* Se lo fanno, hanno maggiori possibilità di diventare clienti paganti. Se non lo fanno, pagano. *Se fai X, Y, Z, ti lascerò iniziare gratuitamente.*

c) <u>Vendite con caratteristiche ridotte</u>: abbassi i prezzi cambiando ciò che il cliente ottiene. Offro quantità inferiori, qualità inferiore, alternative a prezzo inferiore o elimino completamente i componenti opzionali. *Se ti va bene senza garanzia, posso farti uno sconto di 400 $.*

8) **Le offerte di continuità** offrono un valore costante per cui i clienti pagano regolarmente, fino a quando non annullano. Queste aumentano il profitto di ogni cliente e ti danno un'ultima cosa da vendere. Ne abbiamo trattate tre.

a) <u>Offerte bonus di continuità</u>: offri al cliente qualcosa di fantastico *se si iscrive oggi.* Di solito, il bonus ha un valore maggiore rispetto al primo pagamento di continuità. *Se ti iscrivi oggi, ricevi anche XYZ, qualcosa di davvero utile.*

b) <u>Offerte con sconto fedeltà</u>: offri al cliente tempo libero, ora o in futuro, *se si iscrive oggi.*

c) <u>Offerte di esenzione dalle commissioni</u>: prima chiedi al cliente di pagare una commissione iniziale come parte dell'adesione a un programma mensile. Poi, offri uno sconto *sull'intera* commissione *se si impegna a lungo termine.* Se cancella entro il termine, paga la commissione.

9) Costruisci modelli di guadagno **un passo alla volta**.

    a) Una *volta che* ho clienti affidabili, mi assicuro che paghino in modo affidabile, *poi* mi assicuro che paghino per altri clienti in modo affidabile, *quindi* inizio a massimizzare il valore a lungo termine di ogni cliente. *Poi*, stampo più soldi che posso.

Conclusione: le conoscenze contenute in questi punti mi hanno portato più clienti gratuiti *e* redditizi di quanti ne sapessi gestire. Se messi in pratica, faranno lo stesso per te. E con questo, il denaro non limiterà più la tua attività. Spero che questo libro ti aiuti a far crescere il tuo sogno *quanto vuoi*.

Inoltre, dato che sei uno dei pochi che porta a termine ciò che inizia (anche se questo è un riassunto dell'originale), voglio lasciarti un regalo d'addio: alcune considerazioni finali che mi hanno aiutato a superare i momenti difficili.

Considerazioni finali

Non si diventa sicuri di sé gridando affermazioni allo specchio.
Si diventa sicuri di sé fornendo a se stessi una serie di prove inconfutabili
che si è chi si dice di essere. Supera i tuoi dubbi su te stesso.

Un post che ho pubblicato il 25 luglio 2020, *prima* di rendere pubblica la mia vita.

***

Leila ha scattato questa foto mentre non guardavo e ho pensato "Cavolo, sembro davvero pensieroso" 😂

Comunque, questa è la seconda volta che prendiamo un jet privato.

Ed è stato fantastico.

Pensano che se affondi con la nave, la cintura di sicurezza non ti salverà.

Comunque, a tutti quei duri che stanno deludendo i loro genitori, mogli, mariti, amici, falsi amici e tutti quelli che dubitano di te.

#1 SONO IL VOSTRO PIÙ GRANDE FAN

#2 Sta per diventare realtà, quindi preparati in fretta

#3 Non puoi perdere se non molli. Me lo ripetevo continuamente quando non volevo continuare a farlo. Se ti senti senza speranza... benvenuto nell'imprenditoria. Se pensi che non ce la farai mai... sei sulla strada giusta. Se ti senti una delusione per tutti quelli che conosci... continua a muoverti, cazzo.

Perché alla fine dell'arcobaleno non c'è una pentola d'oro.

Ci sei tu.

Il vero te stesso.

È quello che ti ha sempre sussurrato all'orecchio: solo un altro passo... un'altra telefonata... un'altra vendita.

Quando dico che sono il tuo più grande fan, è perché ci sono passato anch'io. E ti capisco perché so ESATTAMENTE come ci si sente. Avere sia il 100% di fiducia che il 1000% di dubbi. Allo stesso tempo. Ecco tutto quello che devi fare:

Continua ad andare avanti.

Continua a lottare.

Continua a migliorare.

Il tuo momento arriverà.

Il successo è l'unica vendetta.

***

Quindi, in questo momento potresti trovarti nella stessa situazione in cui mi trovavo io quando ho iniziato. Lavorare in una bara di cemento, sotto luci fluorescenti accecanti, con la voglia di scappare. Potresti sentirti sopraffatto da tutte le cose che devi fare per avere successo. Ma nonostante l'incertezza, sappi che ogni imprenditore, passato e presente, condivide questo peso con te. Io ci sono passato. Loro ci sono passati. Non sei solo. Condivido queste storie così come le ho vissute, affinché tu possa trarne beneficio come ho fatto io.

Ecco la mia promessa: segui le lezioni e i soldi arriveranno.

Diventa uno dei pochi.

Alex Hormozi, fondatore, Acquisition.com

PS - Ho alcuni omaggi per te per aver portato a termine ciò che hai iniziato.

Omaggi gratuiti

Gnam gnam gnam.

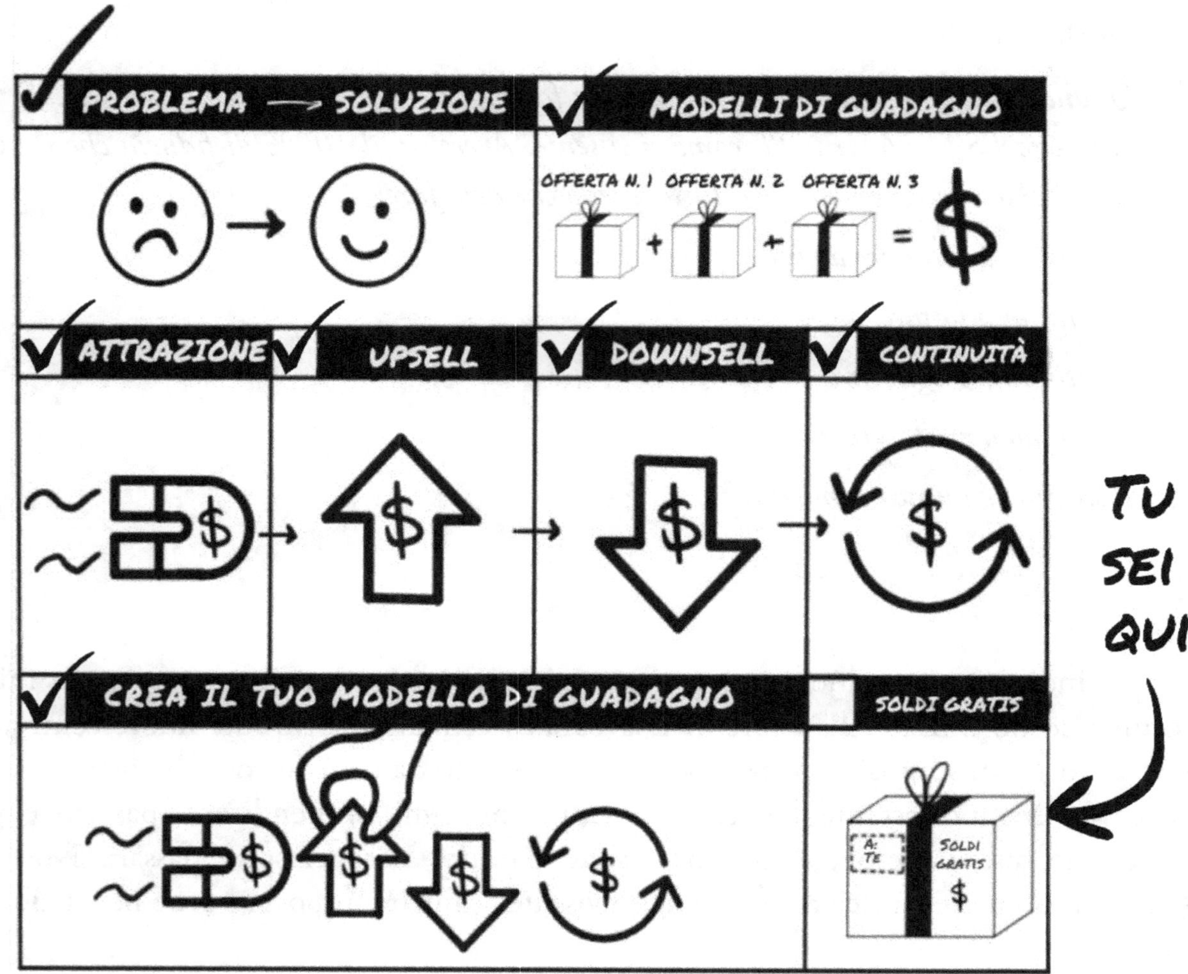

Un po' come i trailer dopo i titoli di coda, se sei ancora con me, volevo darti un sacco di omaggi.

1) **Se non sai bene a <u>chi</u> vendere**, ho pubblicato un capitolo intitolato "Il tuo primo avatar". Puoi scaricarlo gratis su **Acquisition.com/avatar.** Basta inserire la tua email e te lo invieremo.

2) **Se non sai bene <u>cosa</u> vendere**, puoi andare su Amazon o dove compri i libri e cercare "Alex Hormozi" e *"$100M Offerte"*. Dovrebbe metterti sulla strada giusta.

3) **Se stai cercando di <u>creare interesse nelle persone</u>** verso**quello che vendi,** puoi andare su Amazon o dove compri i libri e cercare "Alex Hormozi" e *"$100M Potenziali clienti"*. Dovrebbe aiutarti a trovare la strada giusta.

4) **Se la tua azienda ha un EBITDA (utile) superiore a 1 milione di $,** saremo felici di aiutarti a crescere. È davvero gratificante sapere che alcune aziende sono cresciute molto più rapidamente e sono diventate molto più grandi della mia *perché hanno evitato gli errori che ho commesso io.* Se vuoi che diamo un'occhiata alla tua attività per vedere se possiamo aiutarti, vai su **Acquisition.com**.

5) **Se vuoi lavorare per Acquisition.com** o in una delle nostre aziende, ci piace assumere personale proveniente da #mozination. I nostri migliori rendimenti derivano dall'investimento in persone di talento. Vai su **<u>Acquisition.com/careers/open-jobs</u>** per vedere tutte le posizioni disponibili.

6) Per **scaricare gratuitamente il libro e i video di formazione** che lo accompagnano, vai su **<u>Acquisition.com/training/money</u>**.

7) **Se ti piace ascoltare i podcast e vuoi saperne di più**, il mio podcast, al momento in cui scrivo, è tra i primi cinque nell'imprenditoria e tra i primi 15 nel business negli Stati Uniti. Puoi trovarlo cercando "Alex Hormozi" ovunque tu ascolti. Oppure, andando su **<u>Acquisition.com/podcast</u>**. Condivido storie utili e interessanti, lezioni preziose e i modelli mentali essenziali su cui faccio affidamento ogni giorno.

8) **Se ti piace guardare i video**, abbiamo messo un sacco di risorse nella nostra formazione gratuita, disponibile per tutti. Vogliamo renderla migliore di qualsiasi altro contenuto a pagamento disponibile sul mercato e lasciare che sia tu a decidere se ci siamo riusciti. Puoi trovare i nostri video su YouTube o ovunque tu guardi i video cercando "Alex Hormozi".

9) **E se ti piacciono i video brevi**, dai un'occhiata ai contenuti concisi che pubblichiamo ogni giorno su **<u>Acquisition.com/media</u>**. Vedrai tutti i posti in cui pubblichiamo e potrai scegliere quelli che ti piacciono di più.

E, per finire, grazie ancora. Per favore, sii generoso e **condividi questo contenuto con altri imprenditori lasciando una recensione**. Significherebbe tantissimo per me. Ti mando vibrazioni positive per la tua attività dalla mia scrivania. Passo un sacco di tempo lì, quindi sono vibrazioni davvero potenti. Che il tuo desiderio sia più grande dei tuoi ostacoli.